# REZEPTE AUS DER KASBAH

20      15      10      5      0

35

*Map*

*of the*

TRACT of the CARAVANS,

*Across* **SAHARA**, *from*

FAS to TIMBUCTOO.

30

Strait of Gibraltar

AL

B A

Mogodor

Marocco

Fas

Atlas Mountains

Tafilelt

C. de Geer

S.ta Cruz or I.a adeer

EMPIRE of MAROCCO

Bled el j

SUSE

Akka

Station for the accumulated

Caravans to Soudan

Woled Dokeim

Soke M.sa

Tatta

Noon or Inoon

Arabs

Dikna u Mjo

*plundering Arabs*

C. Bajador

Tibbel Khal or

Woled Abbusebah

Black Mountains

Mograffra   Arabs

East Tarassa

25

Ludaya   Arabs   A

Woled   Abbusebah

H

A

Taudeny

C. Blanco

S

Tejakant Arabs

Araw

20

Gum Forests

Arabs

Brabee

West Tarassa Arabs

Portandik

Senegal R.

Jinnie

15

C. Verd

S

BAMBA

Kitty Morse

# REZEPTE AUS DER KASBAH

## Das marokkanische Kochbuch

Foodfotos von Laurie Smith
Städte- und Landschaftsfotos von Owen Morse

Christian Verlag

*Dem Andenken meines Vaters gewidmet*

Aus dem Englischen übersetzt von Maria Andreas-Hoole
Redaktion: Silvia Rehder
Korrektur: Herbert Scheubner
Umschlaggestaltung: Caroline Georgiadis
Herstellung: Dieter Lidl
Satz: satz & repro Grieb, München

Copyright © 1999 der deutschsprachigen Ausgabe by Christian Verlag, München

Die Originalausgabe mit dem Titel *Cooking at the Kasbah* wurde erstmals
im Verlag Chronicle Books, San Francisco, veröffentlicht.

Copyright © 1998 für den Text: Kitty Morse
Copyright © 1998 für die Fotos auf den Seiten 34, 37, 40, 46, 51, 54, 64, 70, 78,
83, 86, 90, 94, 102, 105, 110, 117, 119, 124, 130, 134, 140 und 145: Laurie Smith
Copyright © 1998 für die Fotos auf den Seiten 2, 5, 9, 10, 11, 13, 14, 17, 18,
21, 22, 23, 26, 27, 28, 29, 45, 69, 85, 113, 115 und 129: Owen Morse
Umschlagfoto: Florentine Schwabbauer
Design: Stark Design

Druck und Bindung: C & C Offset Printing Co., Ltd., Hong Kong
Printed in Hong Kong

Alle deutschsprachigen Rechte vorbehalten

ISBN 3-88472-373-1

## HINWEIS

Alle Informationen und Hinweise, die in diesem Buch enthalten sind, wurden
vom Autor nach bestem Wissen erarbeitet und von ihm und dem Verlag mit
größtmöglicher Sorgfalt überprüft. Unter Berücksichtigung des Produkthaftungsrechts
müssen wir allerdings darauf hinweisen, dass inhaltliche Fehler oder Auslassungen
nicht völlig auszuschließen sind. Für etwaige fehlerhafte Angaben können Autor, Verlag
und Verlagsmitarbeiter keinerlei Verpflichtung und Haftung übernehmen.

Korrekturhinweise sind jederzeit willkommen und werden gerne berücksichtigt.

# MADMOON

# AL

# KITAB

# Inhalt

# Vorwort

*„Kasbahs … sind eine Art eingefriedete Festungsanlagen, die lange Zeit als Wohnstätten und Zuflucht gedient haben, als Verteidigungsburgen, Dörfer und Stammesgüter der Berber und Araber …"*

(Rom Landau: *The Kasbahs of Southern Morocco*)

Mein Vater, Clive Chandler, gelangte 1943 als junger Mann mit der britischen Luftwaffe nach Marokko. Er verliebte sich in das Land, die Menschen und die Kultur und blieb über ein halbes Jahrhundert dort. 1963 kaufte er die Ruine der Pascha-Residenz von Azemmour, in herrlicher Lage innerhalb der Schutzwälle der Kasbah, der von Mauern umgebenen Altstadt. Die nächsten zwanzig Jahre verbrachten er und seine Frau Hedda damit, das Bauwerk mit der Hilfe ortsansässiger Handwerker in seiner alten maurischen Pracht wieder erstehen zu lassen. Sie gaben ihm den Namen *Dar Zitoun* (Haus der Olive), nach dem ehrwürdigen wilden Olivenbaum am Steilufer des Oum er Rbia (Mutter der Quelle), der friedlich an den anmutigen Bogenfenstern des Atriums vorbeifließt.

Hassan-el-Wazzan, ein maurischer Gelehrter, der sich später Leo Africanus nannte, erwähnt in seiner 1526 veröffentlichten „Beschreibung Afrikas" bereits die Stadt Azemmour und den Fluss Oum er Rbia. Er schildert, wie die portugiesischen Kolonialherren die in der Kasbah lebenden Berber zwangen, einen Tribut in Form mehrerer Tausend Pfund von *achabel* zu entrichten, einer Alsenart, die im Mündungsgebiet des Flusses reichlich vorkam.

Die Herrschaft der Portugiesen über Azemmour war nur von kurzer Dauer, was zum Teil den heldenhaften Taten tapferer Zemmouris wie Sidi M'Herfi zu verdanken war, der später als „Kapuzenheiliger" bekannt wurde. Man nimmt an, dass er unter der Haupttreppe von Dar Zitoun begraben liegt. Sogar heute noch klopfen gelegentlich Pilger an unsere Tür und bitten uns um Erlaubnis, sein Grab zu besuchen.

Größere Bedeutung erlangte für mich jedoch eine andere Geschichte, die mir Naïma Bounaïm berichtete, die Enkelin des Mannes, der Dar Zitoun an meinen Vater verkaufte. Naïma erzählte, das Haus habe Mitte des 18. Jahrhunderts Si Mohammed Ben Driss gehört, einem reichen Geschäftsmann, der aus Tetouan stammte. Diese Stadt im Norden Marokkos war stark von andalusischer Kultur durchdrungen. Ben Driss und seine Familie erlagen dem stillen Charme der weißgetünchten Kasbah Azemmours, doch sie sehnten sich nach der raffinierten Küche des kultivierteren Tetouan. Sie beschlossen, in ihrem Haus eine Kochschule zu eröffnen und stellten hervorragende Köchinnen aus Tetouan ein, die junge Zemmouri-Frauen in der Kochkunst ausbilden sollten.

Naïma, die bis zum Alter von zwölf Jahren selbst in diesem Haus gelebt hatte, erinnert sich, wie Jahrzehnte später ihre Großtante Lalla Meryem dort ebenfalls Kochunterricht erteilte. Mehrere von Lalla Meryems ehemaligen Schülerinnen arbeiten noch heute in dieser Region als Köchinnen. Von einer dieser Köchinnen, Lalla Lakhmar, lernte ich einige köstliche Zemmouri-Spezialitäten kennen, die ich in dieses Buch aufgenommen habe. Lalla teilte mir die Rezepte mündlich mit, aus dem Gedächtnis, genau wie sie seit eh und je von Generation zu Generation weitergegeben wurden.

*Dieses ungewöhnliche Drachenmotiv ist nur aus der Stickereitradition Azemmours bekannt. Es lässt sich bis ins 11. Jahrhundert zurückverfolgen.*

Wie seltsam, dass auch ich schon Jahre bevor ich die Geschichte des Hauses kannte, die Kochkunst zu meinem Beruf gemacht und damit in die Fußspuren von Lalla Meryem und ihren Vorgängerinnen getreten war! Erstaunlich auch, dass ich die meisten der Rezepte für mein Buch in Dar Zitoun erproben sollte, in eben jener Küche, die auch meine Vorläuferinnen benutzt hatten! Bitte, treten Sie nun ein in das Herz dieses Hauses, das seit fast 150 Jahren erfüllt ist von den unwiderstehlichen Düften kulinarischer Kreationen, Verheißungen wie aus Tausendundeinernacht.

*„Das von Gott behütete Azemmour"*

# Einführung

Marokko – allein der Name weckt exotische Bilder von Kamelkarawanen und Palmenoasen, die wie grüne Juwelen in der Weite der Sahara verstreut liegen. Viele sind überrascht, wenn sie erfahren, dass *al-Maghreb al-Aqsa* („der fernste Westen" aus der Sicht der arabisch sprechenden Welt) vor allem ein Agrarland ist, das in Klima und Bodenbeschaffenheit Kalifornien ähnelt. Der schmelzende Schnee aus dem hohen Atlasgebirge nährt die Flüsse und Bäche, die Marokkos fruchtbare Küstenebenen und Oasen am Rand der Sahara bewässern.

Die alten phönizischen Kaufleute waren sich der Schätze, die der Boden dieser Region hervorbrachte, wohl bewusst. Vor über dreitausend Jahren tauschten sie Töpferwaren, kostbaren Weihrauch und Purpurfarbe gegen Leopardenfelle, Elfenbein und den Wein der ansässigen Berberstämme.

Als später die Römer sich im Nordwesten des Landes festsetzten, ließen sie die „Mauretania Tingitana", die südlich von Tanger gelegene Provinz, zunächst von Berberkönigen regieren, die unter römischem Schutz standen und in dem damals sehr fruchtbaren Land in Reichtum und Überfluss lebten. Die Römer entwickelten den Anbau von Trauben, Obst und Oliven weiter. Unter römischer Herrschaft wurde auch die Weizenproduktion erheblich gesteigert, die damals über drei Fünftel des Gesamtbedarfs des römischen Reichs deckte. Im Jahre 40 n. Chr. besetzten römische Legionen die mauretanische Provinz und das üppige Leben der mauretanischen Könige hatte ein jähes Ende. Die Herrschaft der Römer dauerte noch bis 285 n. Chr. In dieser langen Zeit hatten die Berber Sprache, Religion und Bräuche der Römer so weitgehend übernommen, dass die Araber, die im siebten Jahrhundert n. Chr. in das mauretanische Gebiet einfielen, die Einheimischen als *roummi* (Römer) bezeichneten.

*Die Araber beschrieben ihr neu erobertes Territorium als Paradies, als ein Land des Überflusses, reich an Schafen und Rindern, Weizenfeldern, Weinbergen und Hainen mit Oliven- und Obstbäumen.*

In dieses Paradies brachten sie die exotischen Düfte Bagdads, Kairos und Damaskus' und führten Gewürze wie Zimt, Ingwer und Pfeffer ein. Im Jahre 711 überquerten Mauren (Bewohner Mauretaniens) die Meerenge von Gibraltar, um Al Andalus, Spanien, zu erobern. Fast acht Jahrhunderte lang sollte ihr Einfluss auf die spanische Kultur und das Geistesleben Westeuropas andauern. 1492 eroberten König Ferdinand und Königin Isabella Granada zurück, die letzte Stadt, die noch von den Mauren kontrolliert wurde. Sie stellten den islamischen Mauren und sephardischen Juden ein Ultimatum: entweder Bekehrung zum Christentum oder Exil.

Viele suchten Zuflucht an Marokkos Ufern, ließen sich vor allem in den Städten des Nordens nieder, Tetuán und Fes, noch heute stolze Zentren andalusischer Kultur. Die Flüchtlinge brachten die Kunst der Herstellung von *warka* ins Land, des papierdünnen Teigs, mit dem *b'stila* zubereitet wird. Manche Historiker schreiben ihnen auch die ersten Rezepte für Couscous zu, heute in Marokko ein Grundnahrungsmittel.

Chinesischer grüner Tee, der aus Marokko ebenfalls nicht wegzudenken ist, wurde Mitte des 19. Jahrhunderts von britischen Kaufleuten eingeführt. Die Marokkaner mischten ihn mit reichlich grüner Minze und Zucker – *atay b'nana* war geboren, Minztee, das Nationalgetränk des Landes.

Großbritannien war nicht die einzige europäische Nation, die Interesse an Marokko bekundete. Frankreich, Spanien, Portugal und Deutschland wetteiferten um die Vorherrschaft auf dem marokkanischen Markt. 1912 errichtete Frankreich nach Jahren politischer Intrigen sein Protektorat, danach strömten französische Siedler ins Land. Die meisten waren Bauern, die unter dem Namen *pieds noirs* (Schwarze Füße) bekannt wurden, wegen der schwarzen Erde, die an ihren Stiefeln klebte. Nachdem Marokko 1956 die Unabhängigkeit erlangt hatte, kehrten viele *pieds noirs* nach Frankreich zurück, exotische Rezepte aus Al Maghreb im Gepäck.

Heute beginnen die Köche der Alten wie der Neuen Welt, die marokkanische Küche neu zu entdecken. Regelmäßig erscheinen in Zeitschriften und Zeitungen Rezepte für Tagines und für Couscous aus jenem Hartweizengrieß, der manchmal als „marokkanische Pasta" bezeichnet wird.

Die Küche Marokkos gründet sich auf Tradition. Rezepte wurden stets mündlich überliefert, von Mutter zu Tochter. Doch heute sind sich die Köchinnen einig, dass die altehrwürdigen Rezepte den Bedürfnissen einer zunehmend gesundheitsbewussten Bevölkerung angepasst werden müssen. Wie mir Boujemaa Mars, die Chefköchin des berühmten Hotels La Mamounia in Marrakesch, gestand: *»La cuisine traditionelle, c'est délicieuse, mais de nos jours il faut savoir l'alléger!«* („Die traditio-

nelle Küche ist köstlich, aber heute muss man wissen, wie man sie leichter machen kann.") Immer mehr Köche experimentieren mit neuen Zutaten. Chinesische Reisnudeln zum Beispiel, die man früher nur in den asiatischen Restaurants des Landes fand, sind heute gängige Ware auf den Märkten der großen Städte. Zu meiner Überraschung fand ich sie in einer köstlichen Meeresfrüchte-B'stila, die mir in einem beliebten Restaurant in Casablanca serviert wurde.

Die aromatische Würze der marokkanischen Küche gehört seit meiner Kindheit zu meinem Leben. Ich habe im Mittleren Atlasgebirge, in Zelten aus Ziegenhaar, Mahlzeiten mit Berberfamilien geteilt, aber auch in den exklusivsten Restaurants von Marrakesch und Fes gespeist. Zu meinem Glück gab es unter meinen Angehörigen und Freundinnen in Marokko etliche hervorragende Köchinnen. Ihnen verdanke ich viele der Rezepte in diesem Buch. Manches habe ich abgewandelt, wo immer mehr Einfachheit und Leichtigkeit möglich war, doch habe ich dabei stets mit großer Sorgfalt darauf geachtet, dass das Wesentliche, Charakteristische des Originalgerichts erhalten blieb. Ich hoffe, einige dieser Rezepte werden Eingang in das Repertoire Ihrer Lieblingsgerichte finden.

# Esskultur in Marokko

Einer der Höhepunkte der Woche ist für die Bewohner Azemmours der dienstägliche Streifzug durch den Souk. Auf diesem Markt unter freiem Himmel bietet ein kleines Heer fliegender Händler fast alles an Waren oder Diensten an, was irgendjemandem von Nutzen sein könnte, von Fleisch, Gewürzen, frischem Obst und Gemüse bis hin zu Kleidung, Hufeisen und Schmuck für die Mitgift; Haare werden hier ebenso geschnitten wie Zähne gezogen. Die Szene auf Azemmours wöchentlichem Souk hat sich kaum verändert, seit mein Großvater mütterlicherseits, Armand Darmon, der an der Sorbonne orientalische Sprachen studiert hatte, 1913 zu Beginn des französischen Protektorats als Staatsbeamter nach Marokko kam. In seinen Erinnerungen schreibt er:

*„Mein erster Souk … was für ein Farbenrausch … bärtige Araber und Berber, in ihre weiten Burnusse gekleidet …"*

Er berichtet von schwer beladenen Kamelen und Eseln, die majestätisch vorbeiziehen, während ihre Besitzer laut *balek!* – Platz da – rufen. „… und Fischer mit Körben voller lebender Fische an jedem Arm, und über alledem der Rauch an Ort und Stelle gegrillter Schischkebabs, unter den sich der Duft frischer Minze mischt. Ich war fasziniert!"

Wenn ich mich dem wimmelnden Marktplatz nähere, tauche ich in dasselbe aufgeregte Treiben ein, wie es mein Großvater beschrieben hat. Die Erträge des Umlands, der fruchtbaren Doukkala-Ebene, liegen rings um mich ausgebreitet. Ich mische mich unter Zemmouri-Hausfrauen und Bauern vom Land, deren klapprige Karren unter dem Gewicht praller, am Strauch gereifter Tomaten, saftiger Zitronen und köstlich süßer Wassermelonen ächzen, für die die Doukkala-Region berühmt ist.

Während mein Blick aufnimmt, was die Jahreszeit zu bieten hat, wandern mir Rezepte durch den Kopf. Ich untersuche sorgfältig jedes Stück, bevor ich es dem Verkäufer zum Wiegen reiche. Ich drücke ihm mehrere Münzen in die entgegengestreckte runzlige Hand, womit unsere Geschäfte abgeschlossen sind. *„Chokran! Illalekah!"* („Danke! Bis bald!")

In einem anderen Teil des von wimmelndem Leben erfüllten Souk stehen große Zelte, die als Lebensmittelläden dienen. Ein Schwarm Hausfrauen feilscht temperamentvoll um alles und jedes, von Zuckerhüten und Olivenöl bis zu Sardinendosen und Fläschchen mit Orangenblütenwasser. Daneben findet ein schwungvoller Handel unter den provisorischen Markisen statt, in deren Schutz der Gewürzhändler seine Berge von Kreuzkümmel, Paprikapulver, Zimt, schwarzem Pfeffer und Kurkuma säuberlich aufgehäuft hat.

An einer der staubigen Straßen des Souks harren Dutzende gackernder Hühner in grob zusammengezimmerten Verschlägen nervös ihres Schicksals. Diese frei laufenden Hühner sind sehr begehrt, ebenso die großen braunen Eier, die daneben auf einem Strohbett angeboten werden. Ich schichte behutsam ein Dutzend frischer Eier in meinen Korb – genau das, was ich für eine leckere Eier-Tagine brauche (Seite 99).

Das rauchige Aroma von Grillspießen, die über Holzkohlenfeuer garen, weht durch die Luft und lockt mich zu den Fleischverkäufern, wo frisch geschlachtete Tiere an schweren Metallhaken hängen und große Stücke Rind- und Lammfleisch auf einem Bett von Petersilie auf ihre Kunden warten.

Ich habe gerade noch Zeit, um beim Verkäufer frischer Kräuter vorbeizuschauen, der fast versteckt hinter seinem Berg von Minze steht. „Hier, Madame! Riechen Sie!", fordert mich der freundliche Mann mit dem Turban auf und reicht mir ein aromatisches Zweiglein. Ich stopfe mehrere Bund Minze, Koriander und Frühlingszwiebeln in meinen überquellenden Korb und kehre dann nach Dar Zitoun in meine Küche zurück.

# Eine Diffa

*„Vor uns wurden Schalen mit ‚k'seksoo' (Couscous) gestellt, die sieben Männer kaum heben konnten …"*

„Berge von Wassermelonen, Trauben und andere Früchte sollten unseren Appetit anregen; Trommeln und Flöten tönten von Tagesanbruch bis Sonnenuntergang …" So schrieb der Brite John Drummond Hay über eine aufwendige *diffa*, an der er vor über 150 Jahren teilnahm.

*Diffas* oder Feste werden bei besonderen Anlässen veranstaltet, zum Beispiel zum Jahrestag eines regionalen Heiligen, nach einer üppigen Ernte oder bei einer Hochzeit. Hochzeiten gehören zweifellos zu den anspruchsvollsten gesellschaftlichen und gastronomischen Ereignissen der marokkanischen Kultur.

Ich hatte das Glück, mit einem Dutzend weiterer Gäste zu einer besonders denkwürdigen *diffa* gebeten zu werden, deren Anlass die Hochzeit der Tochter eines in Fes lebenden Freundes der Familie war. Ich erwartete dieses Ereignis voller Spannung, da Fes in ganz Marokko für seine raffinierte Küche berühmt ist.

Am vereinbarten Tag stand ich vor der massiven Haustür der riesigen Villa meines Gastgebers. Trotz der dicken Mauern drangen die *youyous*, die Freudenschreie der Frauen, aus dem Inneren des Hauses bis nach draußen. Ich wurde in die eindrucksvolle Eingangshalle geführt, in deren Putz Muster eingeritzt waren. Dort streifte ich meine Schuhe ab, bevor ich auf die dicken, handgewebten Teppiche trat, mit denen der Boden des riesigen Salons ausgelegt war. Zur Begrüßung wurde mir ein Glas Minztee und ein kleiner Silberteller mit drallen Datteln und Mandeln überreicht.

Die sittsame junge Braut saß reglos auf einem geschnitzten Holzthron am anderen Ende des Raums; in ihrem überreich bestickten Kaftan mutete sie an wie eine Prinzessin aus dem Märchen. Eine Krone aus filigranem Gold hielt den durchscheinenden Schleier fest, der ihr Gesicht verdeckte. Ihre Hände und Füße waren mit kunstvollen Ornamenten aus Henna verziert.

*Langsam füllte sich der Raum mit Männern in weißen Djellabahs und Frauen, die Kaftane aus Samt und Seide trugen. Mein Gastgeber begleitete mich zu einem der zahlreichen niedrigen Rundtische, wo ich mich zu einer Gruppe anderer Gäste setzte. Das Fest konnte beginnen.*

Eröffnet wurde es mit der traditionellen Zeremonie des Händewaschens. Eine junge Dienerin goss warmes Wasser über meine Hände, die ich über einer reich verzierten Kupferschüssel in der Tischmitte ausstreckte. Nachdem ich meine Hände abgetrocknet hatte, wurden mir ein paar Tropfen Orangenblütenwasser aus einer *raschascha,* einem zwiebelförmigen Silberbehälter, daraufgespritzt. Mit schwungvoller Eleganz schlängelten sich Kellner in schwarzen, mit Goldlitzen besetzten Jacken zwischen den Tischen hindurch und verteilten aus ihren Körben warmes *hobz,* mit Anis gewürztes Brot.

„*Bismillah!*", riefen die Brautleute gleichzeitig. Sogleich wurde eine Platte mit kunstvoll angerichteten Salaten vor mir abgesetzt: geröstete rote Paprikaschoten, gewürzt mit Kreuzkümmel und Olivenöl, geriebene Möhren mit Orangensaft und Zimt und eine pikante Mischung aus gekochtem, passiertem Spinat, Petersilie und Knoblauch. Ich sprach den dargereichten Speisen begeistert zu und benutzte dabei lediglich ein kleines Stück Brot und den Daumen, Zeigefinger und Mittelfinger meiner rechten Hand.

Die Kellner kehrten bald zurück, diesmal mit bunten Keramikformen, die knusprig-goldene *b'stilas* enthielten, der Stolz der Fesschen Küche. Meine Tischgenossen und ich machten kurzen Prozess mit der erlesenen Komposition aus zerpflücktem Hähnchenfleisch, Zimt, Zucker und gemahlenen Mandeln, geschichtet zwischen zahlreiche Lagen hauchdünnen Warka-Teigs.

Eine Wolke aromatischen Dampfs umhüllte mich, als der Kellner den schweren kegelförmigen Deckel von einer Tonschüssel hob, die eine pikante Tagine aus Huhn, eingelegten Zitronen und Oliven enthielt. Das perfekte Gegenstück zu diesem köstlichen Gericht bildete dann eine Tagine aus Lamm, getrockneten Pflaumen und Sesamsamen in einer üppigen, mit Honig, Ingwer und Zimt gewürzten Soße.

Die Tagines wurden schnell wieder abgeräumt und durch eine Riesenplatte mit gebratenem Lamm ersetzt. Wir zupften saftige Stücke *meschwi* ab, wie das Fleisch heißt, und stippten sie in winzige Tellerchen mit gemahlenem Kreuzkümmel und Salz.

*„Hier, das ist für Sie", sagte der aufmerksame Herr zu meiner Rechten und reichte mir ein besonders zartes Stück.*

Gerade, als ich dachte, ich könnte unmöglich einen weiteren Bissen zu mir nehmen, erspähte ich einen dampfenden, nach Safran duftenden Berg von Couscous, garniert mit Fleisch und Gemüse, der auf der starken Schulter eines Kellners auf unseren Tisch zusteuerte. Ich folgte dem Beispiel der anderen Gäste, formte mit meiner Rechten aus dem Couscous kleine Bällchen und schob sie mir mit dem Daumen vorsichtig in den Mund. Obwohl ich Couscous fast mehr liebe als alle anderen marokkanischen Gerichte, wusste ich, dass damit meine Grenzen erreicht waren.

Wenigstens dachte ich das. Bis der Tisch noch einmal abgeräumt wurde, damit Gläser gesüßten Minztees, Schalen mit frischem Obst und ein Tablett voller in Honig getränkter *briuats*, kleiner, mit Trockenfrüchten und Nüssen gefüllter Teigtaschen, Platz fanden. Ich unternahm eine höfliche Anstrengung und kostete ein, zwei Gebäckstücke, bevor ich kapitulierte. Ich ließ mich auf die weichen, dicken Polster hinter mir sinken und hörte satt und zufrieden den eindringlichen Melodien des andalusischen Orchesters zu, das draußen im jasminduftenden Innenhof spielte.

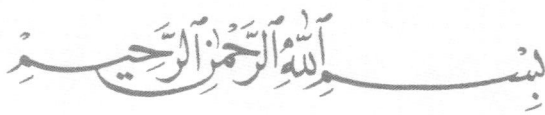

*Bismillah! („Im Namen Gottes!")*
*Der traditionelle Spruch beim Beginn einer*
*marokkanischen Mahlzeit.*

# Marokkanische Gastfreundschaft

Die große Freundlichkeit, die die Marokkaner ihren Gästen entgegenbringen, ist eine alte Sitte, die wohl in der Lebensweise der Nomaden ihren Ursprung hat, denn diese Menschen waren in Zeiten der Not stets auf die großzügige Hilfe von Fremden angewiesen. James Grey Jackson, ein britischer Kaufmann und Schriftsteller, der im vorigen Jahrhundert lebte und viele Jahre in Marokko verbrachte, zitiert einen marokkanischen Bekannten:

*„Bei uns kann dank der allgemeinen Fürsorglichkeit und gebührenden Gastfreundschaft ein armer Mann vom Mittelmeer bis an den Rand der Sahara reisen, ohne auch nur die geringste Kupfermünze auszugeben … Ein Reisender wird,*

*wie arm er auch sein mag, überall in unserem Land jederzeit eine Mahlzeit bekommen, auch mehrere Mahlzeiten, vielleicht sogar eine Einladung für drei Tage.“*

Um der Redensart „Zuerst essen wir mit den Augen" Genüge zu tun, geben sich die Köchinnen Al Maghrebs alle Mühe, ihre Speisen kunstvoll zu präsentieren. Gäste aus dem Westen staunen oft, welch üppige Mahlzeiten ihnen in einem marokkanischen Haus vorgesetzt werden, doch die Reste gehen nicht verloren. Dafür sorgen die Mitglieder der großen Familie des Gastgebers, die nicht mit den Gästen essen.

Ich habe mit den Jahren diese Gastfreundschaft oft selbst erlebt. Als ich einmal Aufnahmen von einer alten Kasbah in der Nähe von Taliouine machte, der Hauptstadt des marokkanischen Safrananbaugebiets, kam ein kleines Mädchen mit munteren Augen auf mich zu, das mich einige Zeit von weitem beobachtet hatte. Sie hieß Jamiha. *„Briti dji l'handi?"* („Möchten Sie in mein Haus kommen?"), fragte die Kleine schüchtern. Sie nahm mich an der Hand und führte mich zur Tür des bescheidenen, weiß gekalkten Hauses aus ungebrannten Lehmziegeln, in dem ihre Familie wohnte. Ihre Eltern waren Safranbauern. Jamihas Mutter Rabia begrüßte mich überschwenglich und lud mich auf einen der mit bunten Decken geschmückten Diwane ein, die sich an der Wand des kühlen, schmalen Salons entlangzogen. Nach weni-

gen Minuten erschien eine von Jamihas jüngeren Schwestern mit einem Tablett voller Kekse, Süßigkeiten, Mandeln und Datteln. Jamiha kam gleich nach, mit dem kostbaren silbernen Teeservice der Familie, das sie vor ihrer Mutter absetzte. Rabia füllte die dekorative Kanne mit grünem Tee und kochendem Wasser, dann gab sie frische Minze, vom Zuckerhut abgebrochene Stücke und, zu meiner großen Überraschung, eine großzügige Prise Safranfäden hinein. „B'saha!" („Auf Ihre Gesundheit!"), sagte Rabia, als sie mir ein dampfendes Glas dieser einzigartigen Variante des marokkanischen Nationalgetränks überreichte.

Jamihas Familie drängte mich, zum Abendessen und über Nacht zu bleiben. Leider ließ sich diese liebenswürdige Einladung nicht mit meinen Reiseplänen vereinbaren.

Als ich später am Abend von Taliouine weiterfuhr, stieg mir ein feiner, aber unverkennbarer Duft

in die Nase. Jemand hatte heimlich ein kleines, fest umwickeltes Päckchen Safran auf den Beifahrersitz gelegt.

# Etikette bei Tisch

Zwar verwenden die Marokkaner immer häufiger Besteck, doch in vielen traditionell lebenden Familien benutzt man nur den Daumen, den Zeigefinger und den Mittelfinger der rechten Hand, um sich leckere Bissen aus der gemeinsamen Schüssel herauszunehmen.

Der französische Anthropologe Louis Brunot, der in den Zwanziger- und Dreißigerjahren des zwanzigsten Jahrhunderts die Gebräuche der nordafrikanischen Volksstämme erforscht hat, erläutert diese Sitte wie folgt: „Die Etikette diktiert, dass man immer nur drei Finger zum Essen benutzen darf – den Daumen, Zeigefinger und Mittelfinger; wer nur einen Finger benutzt, steht unter dem Einfluss des Teufels, ein Prophet isst mit drei, nur ein Gierschlund isst mit vier oder fünf …"

# Eine marokkanische Küche

Die marokkanische Köchin braucht zur Zubereitung ihrer köstlichen Gerichte vergleichsweise wenige Hilfsmittel. Die meisten Frauen benutzen einen einfachen *canun* (ein kleines Becken mit Holzkohle) als einzige Hitzequelle, um Wasser für Minztee zu kochen oder langsam eine würzige Tagine zu schmoren. Weiter stehen ihnen verschiedene irdene Schüsseln mit den typischen kegelförmigen Deckeln, *tagine slaui* genannt, für die Zubereitung von Tagines zur Verfügung, außerdem mehrere Suppentöpfe mit Siebeinsätzen aus Aluminium, die so genannten *keskes,* in denen man Couscous kocht.

Zum Mahlen von Gewürzen benutzt die marokkanische Köchin einen *mehraz* (Mörser) aus Messing. Eine flache Holz- oder Tonplatte namens *g'aa* dient dem Kneten von Teig oder dem Walzen von Grieß für Couscous. Brot und größere Gerichte wie *meschwi,* gebratenes Lamm, werden gewöhnlich zum öffentlichen Backofen gebracht und dort gegart.

Wohlhabende Haushalte verfügen über zwei Küchen: eine für die Zubereitung traditioneller Gerichte für besondere Anlässe, dazu eine moderne für den täglichen Gebrauch. Meine Freundin Ahlam Lemseffer, eine viel beschäftigte Karrierefrau in Casablanca, besteht darauf, Tagines und Couscous auf ihrem *canun* über Holzkohle zu kochen, wenn sie Gäste bewirtet. Für die gewöhnliche Alltagsküche jedoch zieht sie die Annehmlichkeiten eines modernen Gasherds vor.

Um gutes marokkanisches Essen zu kochen, brauchen Sie sich keine traditionellen Geräte anzuschaffen. Eine emaillierte Kasserolle mit Deckel, ein Bräter oder Tontopf sind ein ausgezeichneter Ersatz für den traditionellen *tagine slaui.* Falls kein *keskes* oder Couscoussier vorhanden ist, kochen Sie Couscous in einem großen Suppen- oder Dampftopf, in den Sie ein gut passendes Sieb hängen. Kleiden Sie das Sieb mit einem sauberen, feinen Geschirrtuch aus, damit die Couscouskörnchen nicht durch die Löcher fallen.

# Grundzutaten

**Bohnen:** Dicke Bohnen *(fool)*, Kichererbsen (auch *ceci* oder Garbanzo-Bohnen) und weiße Bohnen sind Grundnahrungsmittel in der marokkanischen Küche. Sie sind in Dosen oder getrocknet in Supermärkten oder Naturkostläden erhältlich.

**Couscous:** Ohne dieses körnige Weizenprodukt wäre die marokkanische Küche unvorstellbar. Es besteht aus Hartweizengrieß, der mit kleinen Mengen Mehl aus Hartweizen oder einer weicheren Weizensorte, Salz und Wasser zu unterschiedlich feinen Körnchen gerollt wird. Couscous gibt es in Naturkostläden und arabischen Geschäften; Instant-Couscous, portionsweise in Kochbeuteln verpackt, wird meist auch in größeren Supermärkten angeboten.

**Filoteig:** Dieser papierdünne griechische Teig ist ein guter Ersatz für die marokkanische *warka*, die dünnen Teigblätter, aus denen *b'stila* hergestellt wird. Man bekommt ihn frisch oder tiefgefroren in griechischen Lebensmittelgeschäften.

Tiefgefrorenen Filoteig legt man über Nacht in den Kühlschrank oder lässt ihn 2 Stunden bei Zimmertemperatur stehen. Richtig aufgetauter Filoteig sollte weich und biegsam bleiben. Bedecken Sie den Teig bei der Arbeit mit einem feuchten Tuch oder mit Plastikfolie. An der Luft trocknet er rasch aus und wird brüchig.

**Gerstengrütze:** Aus geschälter und gebrochener Gerste, in Marokko *belbula* genannt, bereitet man Gersten-Couscous zu. Er ist grobkörniger und schmeckt nussiger als der Weizen-Couscous. Instant-Gerstengrütze gibt es abgepackt in den meisten Naturkostläden, offen in arabischen Lebensmittelgeschäften.

**Getrocknete Tomaten:** Lässt man Tomatenscheiben in der Sonne trocknen, bis sie etwa die Konsistenz weichen Leders haben, verstärkt sich ihr Tomatenaroma. In Nordmarokko werden solche getrockneten Tomaten zu einer Paste verrieben, meist mit etwas Olivenöl. Sie können diese Tomatenpaste auch selbst herstellen (Seite 43).

**Grüner Tee:** Nur chinesische Grüntees, zum Beispiel junger Hyson oder Gunpowder, werden für die Zubereitung des marokkanischen Minztees verwendet. Japanischer Tee ist kein geeigneter Ersatz.

**Harissa:** Diese scharfe tunesische Soße ist heute auch in Marokko beliebt. Sie ist manchmal in Dosen oder Tuben in der Spezialitätenabteilung von Supermärkten zu finden. Sie können sie aber auch selbst machen (Seite 39).

**Ingwer, gemahlener:** Ein unverzichtbares Gewürz der marokkanischen Küche. Frischer Ingwer wird allerdings nie benutzt.

**Kreuzkümmel:** Gemahlene Kreuzkümmelsamen (Cumin) gehören zu den wichtigsten Gewürzen der marokkanischen Küche. Die Samen werden meist leicht geröstet, was ihr Aroma freisetzt, und dann im Mörser zerrieben.

**Kurkuma:** Eine Wurzel, die getrocknet und gemahlen ein gelblich oranges Pulver ergibt. Safran wird oft mit Kurkuma „gestreckt", um marokkanischen Gerichten eine schöne Farbe zu verleihen.

**Marzipan:** Eine Paste aus gemahlenen Mandeln und Puderzucker (und manchmal auch Maissirup oder Eiweiß), erhältlich in der Backabteilung der Supermärkte. In manchen Bäckereien kann man Marzipan nach Gewicht kaufen. Sie können es auch selbst herstellen (Seite 136).

**Minze:** Der marokkanische Minztee wird mit ganz gewöhnlicher grüner Minze *(Mentha veridis)* gewürzt.

**Nüsse:** Mandeln, Walnüsse, Erdnüsse und manchmal auch Pinienkerne werden in etlichen marokkanischen Gerichten verwendet.

**Oliven:** Grüne, dunkelviolette und schwarze Oliven sind unverzichtbare Zutaten der marokkanischen Küche. Ihr Anbau hat eine über fünftausendjährige Geschichte. Die phönizischen Kaufleute brachten sie nach Nordafrika, doch erst nach der Eroberung der Region durch die Römer wurden Oliven im großen Stil kommerziell kultiviert.

Die Farbe einer Olive hängt vom Zeitpunkt ihrer Ernte ab. Grüne Oliven haben das festeste Fleisch, da sie als erste gepflückt werden. Beim Reifen werden grüne Oliven erst dunkelviolett, dann schwarz. Grüne und violette Oliven werden manchmal angedrückt, damit sie Risse bekommen und beigegebene Aromen besser aufnehmen können. Sie werden in Wasser oder Salzlake eingelegt und mit getrockneten Kräutern, Chilischoten oder eingelegten Zitronen gewürzt. Oliven werden vor allem als appetitanregender Snack gereicht oder als Zutat in Salaten oder würzigen Tagines verwendet.

Grüne Oliven werden, mit Salzlake bedeckt, in einem luftdichten Behälter im Kühlschrank aufbewahrt. Schwarze Oliven dagegen werden getrocknet oder eingesalzen, zum Beispiel die französischen Nyons-Oliven oder die griechischen Kalamata. Diese Oliven werden in der Regel als Vorspeise oder zur Garnierung von Salaten verwendet.

**Olivenöl:** In Marokko werden die meisten Oliven in Meknès oder Moulay Idriss angebaut, vor allem für den heimischen Markt. Olivenöl ist eine Grundzutat der marokkanischen Küche, in rohen oder gekochten Salaten genauso wie in Couscous oder Tagines. Olivenöl wird durch Pressen extrahiert, ohne jeglichen Einsatz von Chemikalien. Geschmack und Qualität variieren je nach Klima, Boden, Niederschlagsmenge und Witterung zur Zeit der Ernte. Die Qualitätsstufen unterscheiden sich in Aroma, Geschmack, Farbe und Säuregehalt. Ich ziehe „natives Olivenöl extra", das fruchtigste Öl bester Qualität, vor – sowohl für Salatdressings als auch beim Braten und nicht zu starken Anbräunen.

Die Forschung hat ergeben, dass eine Ernährung, die reich an einfach ungesättigten Fettsäuren ist, wie sie sich im Olivenöl finden, Herzerkrankungen vorbeugt, weil sie den HDL-Spiegel erhöht (das so genannte „gute" Cholesterin). Lagern Sie Olivenöl luftdicht verschlossen an einem kühlen, dunklen Ort.

**Orangenblütenwasser:** Mit diesem aus den duftenden Blüten der bitteren Sevilla-Orange destillierten Wasser werden in ganz Marokko Kuchen, Süßspeisen und Getränke aromatisiert. Falls Sie kein arabisches Lebensmittelgeschäft in Ihrer Nähe haben, können Sie Orangenblütenwasser auch in der Apotheke kaufen.

**Paprikapulver, süßes ungarisches:** Eines der am häufigsten verwendeten Gewürze der marokkanischen Küche. Ersetzen Sie es niemals durch Chilipulver.

**Petersilie:** Glatte Petersilie wird in Marokko großzügig verwendet. Krause Petersilie kann notfalls als Ersatz dienen.

**Rosenwasser:** Es fällt bei der Dampfdestillation von Rosenöl ab, das vor allem aus Damaszenerrosen gewonnen wird. In Marokko wird Rosenwasser von den stark duftenden Rosen destilliert, die in der vor der Sahara gelegenen Oase El-Kelaa M'Gouna angebaut werden. Rosenwasser wird in arabischen Lebensmittelgeschäften und Apotheken verkauft.

**Safran:** Die getrockneten Narben und Teile des Griffels von *Crocus sativus* sind das teuerste Gewürz der Welt. Um ein Pfund Safran zu erhalten, müssen 75 000 Krokusblüten von Hand gepflückt werden. Safran wird in der Gegend um Taliouine, einer Kasbah im südlichen Marokko, kommerziell angebaut. Die Marokkanerinnen ziehen Safranfäden dem gemahlenen Safran vor, da letzterer gern mit weniger kostbaren Gewürzen verfälscht wird. In der marokkanischen Küche wird Safran oft mit Kurkuma kombiniert, um Soßen leuchtend orange-gelb zu färben.

Um das intensive Aroma von Safran aufzuschließen, gibt man die gewünschte Anzahl Safranfäden in eine kleine beschichtete Pfanne und röstet sie bei mittlerer Hitze 2–3 Minuten unter ständigem Rühren an. Vor dem Würzen zerbröckelt man die Fäden zwischen den Fingern oder zerstößt sie mit einer Prise Salz im Mörser. Oder man löst den Safran in 50 ml warmem Wasser oder Brühe auf. Safran wird luftdicht verschlossen im Kühlschrank oder Gefrierschrank aufbewahrt. Zuviel davon macht das Essen bitter. Achtung beim Kauf: Die Narben der wesentlich billigeren und relativ geschmacklosen Färberdistel (Saflor) werden manchmal als Safran gehandelt.

**Sesamsamen:** Ein häufiges Gewürz für marokkanisches Brot und Gebäck. Außerdem wird Sesam auch oft als Garnierung über Tagines gestreut. Ungeschälte Sesamsamen sind hellgelb, geschälte weiß. Beide werden verwendet.

# Häufige Vorarbeiten

**Frische Dicke Bohnen enthäuten:** Nach dem Enthülsen brauchen kleine Bohnenkerne nicht enthäutet zu werden. Bei größeren, reifen Kernen mit zäherer Haut ist dies jedoch anzuraten. Machen Sie dazu einen kleinen Einschnitt am Hilum (oder Samennabel, dem kleinen Höcker, mit dem die Samen an der Schote sitzen), und drücken Sie die Bohne zwischen Daumen und Zeigefinger, bis der Kern aus der Haut herausrutscht.

**Getrocknete Bohnen einweichen:** Kichererbsen und weiße, Kidney- oder Dicke Bohnen abspülen und verlesen, dann über Nacht in einer Schüssel gut mit Wasser bedeckt einweichen. Abgießen und weiter verfahren, wie im Rezept beschrieben. Meine Schnellmethode: 400 g Bohnen in einem großen Suppentopf mit $2^1/_2$ l heißem Wasser übergießen, 1 Lorbeerblatt zufügen. Aufkochen und 3 Minuten sprudelnd kochen lassen. Den Herd abschalten und die Bohnen $1^1/_2$–2 Stunden weichen lassen. Abgießen und nach dem jeweiligen Rezept weiterverarbeiten. Je älter die Bohnen sind, desto länger müssen sie garen.

**Nüsse und Mandeln rösten:** Auf dem Herd: Die Nüsse in eine trockene beschichtete Pfanne geben. Bei mittlerer Hitze hin und her rütteln oder die Nüsse mit einem Holzlöffel umrühren und sorgfältig beobachten, bis sie zart gebräunt sind. Das dauert 2–3 Minuten. Aus der Pfanne nehmen und abkühlen lassen.

Im Ofen: Den Backofen auf 190 °C (Gasherd Stufe 3) vorheizen. Die Nüsse in einer dünnen Schicht auf einem Backblech verteilen. Im Ofen 5–8 Minuten hellbraun rösten, dabei ein- bis zweimal wenden.

**Paprikaschoten rösten:** Dies können Sie über Holzkohlenfeuer, einer offenen Flamme oder unter dem Elektrogrill tun.

Sollen die Paprikaschoten unter dem Elektrogrill geröstet werden, wird der Grill vorgeheizt. Die Paprikaschoten auf ein Backblech oder die Grillpfanne legen. Etwa 10–12 Minuten grillen, dabei mit einer Küchenzange wenden und sorgfältig im Auge behalten, bis die Haut Blasen wirft und gerade schwarz wird, aber noch nicht verbrennt. Um sie leichter enthäuten zu können, die Schoten in eine Plastiktüte oder Schüssel legen und luftdicht verschließen. Abkühlen lassen. Die Haut abziehen und die Kerne entfernen.

**Safran rösten:** Erst beim Rösten werden die ätherischen Öle des kostbaren Gewürzes freigesetzt. Zum Rösten und zur Verwendung von Safran siehe Seite 32.

**Samen rösten:** Alle Unreinheiten auslesen. Eine gusseiserne oder beschichtete Pfanne erhitzen und die Samen bei mittlerer Hitze unter ständigem Rühren rösten, bis sie einen intensiven Duft verströmen. Beiseite stellen und abkühlen lassen. Größere Samenmengen im Ofen rösten wie Nüsse (siehe links unten).

**Tomaten enthäuten und entkernen:** Die Tomaten 10–15 Sekunden in kochendem Wasser blanchieren. Mit einem Schaumlöffel herausheben und abkühlen lassen oder unter fließendem kaltem Wasser abschrecken. Die Tomaten enthäuten und halbieren, dann vorsichtig die Kerne herausdrücken.

# L'KWAM

## Grundrezepte

# L'HAMD MARKAD
## Eingelegte Zitronen

*Eingelegte Zitronen verleihen einer Vielzahl von Gerichten, pikantem Gebäck und Tagines ebenso wie Salaten ihre charakteristische Würze. Es gibt keinen Ersatz für dieses einzigartige marokkanische Würzmittel. Da die Zitronen in Salz konserviert sind, braucht man das Gericht, in dem sie verwendet werden, gewöhnlich nicht zu salzen. Für Tagines wird meist die weiche Schale der eingelegten Zitronen klein geschnitten und unter das fertig gegarte Gericht gegeben, das konfitüreartige Fruchtfleisch unter die Soße gerührt. In Marokko bevorzugt man die dünnschaligen Meyer-Zitronen, bei uns vom Spätwinter bis Frühsommer erhältlich, doch auch die kleinen Eurekas mit der etwas dickeren Schale eignen sich gut für diesen Zweck. Die Zitronen müssen mindestens 4–6 Wochen reifen.*

ERGIBT 1 LITERGLAS VOLL

*12 oder mehr kleine, dünnschalige, fleckenlose, biologisch angebaute Zitronen, gut abgebürstet*
*Grobkörniges Meersalz*
*Frisch gepresster Zitronensaft nach Bedarf*

Die Zitronen trockentupfen. Von beiden Enden jeder Zitrone ein zehnpfenniggroßes Stück abschneiden. Eine Zitrone senkrecht auf die Arbeitsfläche stellen und die Frucht senkrecht halbieren, jedoch nur durch drei viertel der Frucht schneiden, sodass die beiden Hälften unten noch zusammenhängen. Die Zitrone auf den Kopf stellen und im rechten Winkel zum ersten Schnitt einen zweiten Längsschnitt machen, wiederum nur durch drei viertel der Frucht. In jeden Einschnitt so viel Salz wie möglich füllen. Die Zitrone vorsichtig in ein sterilisiertes 1-l-Glas mit weiter Öffnung legen. Die restlichen Zitronen genauso vorbereiten und in das Glas drücken, bis es ganz ausgefüllt ist und der Saft nach oben steigt. Luftdicht verschließen und beiseite stellen.

In den folgenden Tagen, wenn die Schale weich zu werden beginnt, können weitere Zitronen zugefügt werden. Achten Sie darauf, dass die Zitronen stets mit Saft bedeckt sind, gegebenenfalls weiteren Saft zugießen. Die Zitronen sind in 4–6 Wochen gebrauchsfertig, wenn die Schalen weich sind. Vor der Verwendung kurz abspülen und die Kerne entfernen. Nach dem Öffnen im Kühlschrank aufbewahren. Dort halten sich eingelegte Zitronen bis zu 6 Monaten.

**Hinweis:** Wenn die Zitronen mit Luft in Berührung kommen, kann sich Schimmel bilden. Mit einem sauberen Gerät entfernen. Die Früchte stets vollständig mit Saft bedeckt halten.

# SMEN
## Gereifte Butter

„Smen", eine aromatische gereifte Butter, wird in marokkanischen Gerichten als Würzzutat sehr geschätzt. Man stellt sie wie das indische Ghee aus geklärter Butter her, fügt jedoch noch getrocknete Kräuter und Salz hinzu. Smen reift in kleinen Tontöpfchen an einem kühlen, trockenen Ort, bis sie ein an Roquefort erinnerndes Aroma und eine ebensolche Beschaffenheit entwickelt.

Südmarokkanische Berber ländlicher Regionen vergraben am Tag der Geburt einer Tochter ein dicht versiegeltes Töpfchen Smen und graben es Jahre später wieder aus, um den bei der Hochzeit der Tochter servierten Couscous damit zu würzen. Diese Tradition in allen Ehren – doch ich schlage vor, Smen innerhalb von 6 Monaten aufzubrauchen.

1 bis 2 Teelöffel genügen, um Couscous oder Tagine mit dem charakteristischen Aroma abzurunden. Falls gewünscht, kann Smen durch gleiche Teile Butter und Olivenöl – eventuell leicht gewürzt mit Salz, Pfeffer und edelsüßem Paprika – ersetzt werden. Geübte Geschmacksnerven spüren allerdings den Unterschied.

ERGIBT 350 ML

450 g ungesalzene Butter
2 TL getrockneter Oregano
1 EL Meersalz

Die Butter bei schwacher Hitze in einem mittelgroßen Topf zerlassen. Den Oregano auf ein quadratisches Stück Musselin geben, mit Küchengarn zu einem Säckchen zusammenbinden. In die Butter hängen. 25–30 Minuten leise simmern lassen, bis sich die Butter zu einer goldenen Flüssigkeit klärt und die festen weißen Bestandteile zu Boden sinken. Abschäumen, das Oreganosäckchen entfernen. Die Butter ein- bis zweimal durch ein sauberes Tuch aus feinem Musselin seihen, bis sie ganz klar ist. In ein heißes, sterilisiertes Halbliterglas mit weiter Öffnung gießen. Das Salz unter Rühren darin auflösen. Luftdicht verschließen. 1–2 Wochen an einem kühlen Ort stehen lassen, bis die Butter ein kräftiges Aroma entwickelt. Nach dem Öffnen im Kühlschrank aufbewahren. Innerhalb von 6 Monaten verbrauchen.

# HARISSA
## Nordafrikanische Chilisoße

*Man könnte diese scharfe Soße mit dem Namen Harissa fast das Markenzeichen der nordafrikanischen Küche nennen. Sie wird zum Couscous ebenso gerne gereicht wie zu gegrillten Hackfleischbällchen oder Fleischspießen. Doch die Chilischoten, aus denen sie hergestellt wird, waren ursprünglich nicht in der Gegend beheimatet. Die spanischen Conquistadores führten sie Anfang des 16. Jahrhunderts nach ihrer Rückkehr aus Amerika in die Alte Welt ein.*

*In Tunesien, wo Harissa „erfunden" wurde, mischt man die Soße großzügig unter fast jedes Gericht. Die Marokkaner servieren Harissa lieber separat und würzen ihr Essen individuell. Sie können Harissa so mild oder scharf machen, wie Sie möchten, je nach verwendeter Chilisorte. Für eine milde Harissa nehmen Sie Chilis mit nur leichter Schärfe oder ersetzen Sie einige der Chilischoten durch frische rote Paprikaschoten, die zuvor geröstet und enthäutet wurden, wie auf Seite 33 beschrieben. Vergessen Sie nicht, beim Arbeiten mit Chilischoten Gummihandschuhe überzuziehen, um Hautreizungen zu vermeiden. Und fassen Sie sich auf keinen Fall an die Augen!*

ERGIBT ETWA 250 ML

*12 getrocknete Chilischoten (etwa 100 g)*
*4 Knoblauchzehen, fein gehackt*
*$1/8$ l natives Olivenöl extra*
*1 TL Salz, oder nach Belieben*
*1 TL gemahlener Kreuzkümmel, oder nach Belieben*
*Öl zum Bedecken*

Mit geschützten Händen die Chilischoten aufschlitzen und die Samen herauskratzen. Mit der Schere in kleine Stücke schneiden. In einer Schüssel mit warmem Wasser 25–30 Minuten einweichen, bis das Fruchtfleisch weich ist.

Die Schoten ausdrücken. Mit Knoblauch, Olivenöl, Salz und Kreuzkümmel im Mixer zu einer glatten Paste pürieren. In ein sauberes Glas umfüllen. Mit einer dünnen Schicht Öl versiegeln. So hält sich die Harissa bis zu 6 Monate.

**Hinweis:** In manchen Supermärkten und türkischen Geschäften ist Harissa in Tuben oder Dosen erhältlich.

# RAS EL HANUT
## Marokkanische Gewürzmischung

*Für Ras el Hanut gibt es in Marokko sicher genauso viele Rezepte wie Gewürzhändler. Der Name selbst, „das Höchste (der Kopf) des Ladens", verspricht bereits die beste Zusammenstellung von Gewürzen, die der Verkäufer beschaffen kann. Si Brahim, unser Gewürzhändler in Azemmour, mischt dazu 34 Gewürze, getrocknete Wurzeln, angebliche Aphrodisiaka und andere geheimnisvolle und ungewöhnliche Zutaten. Ich halte mich allerdings lieber an Naïma Lakhmars Rezept, das weniger ausgefeilt, dafür aber einfacher zuzubereiten ist. Vor dem Mahlen röstet sie sämtliche Zutaten. Macisblüte, getrocknete Ingwerwurzel und getrocknete Kurkumawurzel sind in arabischen Lebensmittelgeschäften erhältlich.*

ERGIBT ETWA 60 ML

*1 TL Pimentkörner oder 1¼ TL gemahlener Piment
1 ganze Muskatnuss oder 2 TL gemahlener Muskat
20 Safranfäden
2 TL schwarze Pfefferkörner oder 1½ TL gemahlener schwarzer Pfeffer
1½ TL Macisblüte (siehe Hinweis) oder gemahlene Macisblüte
1 Stück Zimtstange von 7 cm oder*

*1 TL gemahlener Zimt
2 TL Kardamomsamen oder 1½ TL gemahlener Kardamom
2 Stücke getrocknete Ingwerwurzel von je 5 cm oder
2 TL gemahlener Ingwer
2 TL Salz
1 Stück getrocknete Kurkumawurzel von 5 cm oder
1 TL gemahlenes Kurkuma*

Ganze Gewürze in eine beschichtete Pfanne geben und bei Mittelhitze unter ständigem Rühren 3–5 Minuten rösten, bis sie angenehm zu duften beginnen. Abkühlen lassen. (Dieser Schritt entfällt bei fertig gemahlenen Gewürzen.)

Mit dem Mörser oder der Gewürzmühle die Zutaten zu einem feinen Pulver mahlen, dabei gut vermischen. Faserteilchen aussieben. Luftdicht verschließen und an einem kühlen, dunklen Ort oder im Kühlschrank aufbewahren.

**Hinweis:** Macisblüte ist der an Spitze erinnernde, leuchtend rote Samenmantel der Muskatnuss. Beim Trocknen verfärbt er sich hellbraun. Macisblüte wird bei uns fast nur gemahlen angeboten.

*Von links nach rechts, angefangen oben links: glatte Petersilie, „merhaz" (Mörser), Koriandergrün, gemahlener Kreuzkümmel, Zimtstangen, Päckchen mit Kurkuma, Safran, Ras el Hanut (Gewürzmischung), süßes Paprikapulver, gemahlener Ingwer*

# ZITUN MESLALLA
## Eingelegte grüne Oliven

*Oliven gehören zu den Grundzutaten der marokkanischen Küche. Sie werden oft zu Beginn einer Mahlzeit gereicht oder in pikanten Tagines mit Rindfleisch, Lammfleisch oder Huhn kombiniert. In Marokko schätzt man besonders die violetten Oliven, die gepflückt werden, wenn sie schon nicht mehr grün, aber auch noch nicht schwarz sind. Weitere Informationen über Oliven siehe Seite 31.*

### ERGIBT 500 GRAMM

*500 g frische grüne Oliven*
*Grobkörniges Meersalz*
*1/4 eingelegte Zitrone (Seite 36) ohne Fruchtfleisch, in Streifen geschnitten*
*1 kleine getrocknete, rote Chilischote (nach Belieben)*
*1/8 l frisch gepresster Zitronensaft, durchgeseiht*
*Natives Olivenöl extra zum Bedecken*

Auf einer sauberen Fläche die Oliven mit einem Holzhammer leicht anklopfen, sodass sie Sprünge bekommen. In ein sterilisiertes 1-Liter-Glas füllen und mit kaltem Wasser bedecken. Ein Gewicht auf die Oliven legen (einen kleinen Teller oder eine Tasse), damit sie nicht aus der Flüssigkeit hochsteigen. 24 Stunden an einem kühlen Ort stehen lassen. Abgießen. In einem anderen Gefäß aus 350 ml Wasser und 1/4 TL Salz eine Lake rühren. Über die Oliven gießen, die Früchte wieder beschweren.

2 bis 3 Wochen lang die Lake alle 2 Tage erneuern, bis die Oliven ihren bitteren Geschmack verlieren. Die Oliven dabei möglichst nicht mit den Fingern berühren, da sie sonst verderben könnten (siehe Hinweis).

Die Oliven abgießen, unter fließendem kaltem Wasser abspülen und in ein sterilisiertes 1-Liter-Glas füllen. Die eingelegte Zitrone und, falls gewünscht, die Chilischote zufügen. In einem Topf den Zitronensaft mit 1/4 l Wasser zum Kochen bringen. 1 EL Meersalz darin auflösen. Abkühlen lassen und bis 1 cm unter dem Glasrand über die Oliven gießen. Mit einer Schicht Olivenöl bedecken und mit einem Deckel luftdicht verschließen.

Vor dem Probieren die Oliven noch 2 Wochen im Kühlschrank ziehen lassen. Nach dem Öffnen halten sich die eingelegten Oliven etwa 1 Monat.

**Hinweis:** Sollten die Oliven irgendwann weich werden und einen unangenehmen Geruch entwickeln, nicht probieren, sondern wegwerfen und neue einlegen.

# MATISCHA MIEB'SA
## Sonnengetrocknete Tomaten

*Ist es nicht verblüffend, dass ich meine Tomaten genauso trockne wie meine Freundin Naïma Bounaïm aus Casablanca? Sie hat das Verfahren von ihrer Großtante Lalla Meryem gelernt, die in Dar Zitoun lebte, bevor das Anwesen an unsere Familie fiel. Naïmas Großtante trocknete schon damals die Tomaten genau wie ich in der prallen Sonne auf der großen Terrasse des Hauses, bevor sie sie in Olivenöl einlegte. Wenn es keine frischen Tomaten gab, zerrieb sie den sonnengetrockneten Ersatz zu einer dicken, aromatischen Paste und würzte ihre Tagines damit. Ich bewahre meine getrockneten Tomaten lieber in Plastikbeuteln im Gefrierschrank auf, um sie jederzeit zur Verfügung zu haben.*

ERGIBT ETWA 200 GRAMM

*3,5 kg kleine, reife Tomaten*
*Salz zum Bestreuen*

Die Tomaten in $1/2$ cm dicke Scheiben schneiden. Auf Drahtgestelle legen und in die Sonne stellen. Leicht mit Salz bestreuen. Sind die Tomaten auf einer Seite trocken, werden sie gewendet. Wieder leicht einsalzen. 2–3 Tage auf diese Weise trocknen, bis sich die Scheiben anfühlen wie weiches Leder. Nachts ins Haus bringen, damit sie keine Feuchtigkeit anziehen. Die getrockneten Tomaten halten sich, in Plastikbeuteln verpackt, im Gefrierschrank bis zu 6 Monate.

# Suppen und Salate

Jahrhundertelang fanden Marokkos Araber und Berber in den Kasbahs, den Festungsanlagen, Zuflucht und Schutz. Besonders malerisch ist die Kasbah, die über der Oase von Tinerhir thront, im Schatten des Hohen Atlas am Rand der Sahara.

Schmelzender Schnee speist den Eisbach, der auf dem Weg nach Tinerhir durch die Todra-Schlucht schießt. Hier, in dieser fruchtbaren grünen Oase bearbeiten die Berberbauern ohne Hast ihre kleinen, in Terrassen angelegten Felder. Gelegentlich unterbricht der eindringliche Schrei eines Esels oder der Muezzin, der zum Gebet ruft, die Stille dieser Umgebung. Nachmittags, wenn es kühler wird, füllen sich die schmalen Dämme aus gestampfter Erde mit bunt gekleideten Frauen, die auf dem Kopf Amphoren mit Wasser vom Dorfbrunnen balancieren und gewandt den entgegenkommenden Mauleseln ausweichen, die mit duftenden Büscheln Minze und frischem Koriander beladen sind. Ein Schwarm schwatzender junger Mädchen kauert neben den plätschernden *seguias* oder kleinen Bewässerungskanälen, wo sie frisch geerntete Möhren, Kartoffeln und Rüben waschen.

Bei der Zubereitung dessen, was das Füllhorn der Jahreszeit gerade ausschüttet, lassen sich Tinerhirs Köchinnen von Tradition und Kreativität leiten. Das Mittagessen, die Hauptmahlzeit des Tages, beginnt oft mit einer Armada kleiner Teller

voller aromatischer, köstlicher Salate: karamellisierte Möhren in Paprikasauce, ein säuerlich-pikanter Salat aus gekochtem Spinat, eingelegten Zitronen, Koriandergrün und Oliven und eine erfrischende Mischung aus Gurken- und Tomatenwürfeln, mit Zitronensaft und gehackter Minze gewürzt, um nur wenige zu nennen.

Im Gegensatz zum aufwendigen Mittagessen ist das Abendessen in der Oase schlicht. Meist wird eine kleine Schale Tagessuppe mit einem Stück frischem, *hobz* genanntem Brot serviert. Oft ist es *harira*, die beliebteste marokkanische Suppe, eine üppige Spezialität aus zarten Lammfleischwürfeln, Kichererbsen – oder auch Dicken Bohnen, wie im folgenden Rezept –, Linsen, Tomaten, Knoblauch und frischem Koriander, die in einer mit Safran und Ingwer gewürzten Brühe garen.

# HARIRA
## Ramadan-Suppe mit Dicken Bohnen und Linsen

*Harira wird traditionell während des Fastenmonats Ramadan serviert. Jedes Jahr müssen gläubige Moslems im neunten Monat des Mondkalenders zwischen Sonnenaufgang und Sonnenuntergang auf jede Speise und jedes Getränk verzichten. Am Abend bricht man das Fasten dann mit einer Schale dampfender Harira, einer Hand voll Datteln und einer Schnecke aus Honiggebäck, „chebakiah" genannt. Harira wird meist mit „teduoira" angedickt, einer Mischung aus Mehl, Reiswasser und Hefe. Ich verwende dazu lieber Pasta: zerdrückte Vermicelli oder winzige Pastasorten wie beispielsweise Stellette oder Puntalette.*

### FÜR 8 PERSONEN

*2 EL natives Olivenöl extra*
*2 Zwiebeln, fein gewürfelt*
*900 g Lammschulter, in 1 cm große Würfel geschnitten*
*8 Safranfäden, geröstet und zerdrückt (Seite 32)*
*1 TL gemahlenes Kurkuma*
*2 TL gemahlener Ingwer*
*2,5 l Wasser*
*200 g kleine, getrocknete Dicke Bohnen, über Nacht eingeweicht und abgetropft (Seite 33)*
*10 Tomaten (etwa 1,3 kg), enthäutet, entkernt und grob gehackt (Seite 33)*
*30 Stengel glatte Petersilie*
*15 Stengel frisches Koriandergrün*
*175 g getrocknete Linsen, verlesen, abgespült und abgetropft*

*1 TL schwarzer Pfeffer*
*1 TL gemahlener Zimt*
*50 g zerdrückte Vermicelli oder eine besonders kleine Pastasorte*
*Salz*
*Gehacktes Koriandergrün zum Bestreuen*
*Zitronenschnitze zum Servieren*

Das Öl in einem großen Suppentopf erhitzen und die Zwiebeln und das Fleisch bei Mittelhitze 4–5 Minuten anbraten, bis die Zwiebeln glasig sind. Safran, Kurkuma, Ingwer und 2 l Wasser zufügen. Zum Kochen bringen, die Hitze herunterschalten und die Bohnen zufügen.

Die Suppe zugedeckt 1–1 1/2 Stunden köcheln lassen, bis die Bohnen fast weich sind. Die Garzeit richtet sich nach dem Alter der Bohnen.

Im Mixer oder der Küchenmaschine die Tomaten, die Petersilie und das Koriandergrün grob hacken. Mit den Linsen, dem Pfeffer und dem Zimt zu den Bohnen geben. Zugedeckt noch 30–40 Minuten köcheln lassen, bis die Linsen weich sind.

Inzwischen die restlichen 0,5 l Wasser zum Kochen bringen und die Vermicelli oder andere Pasta in 6–8 Minuten garen. Abgießen und in die Suppe rühren. Mit Salz abschmecken. Noch einmal erhitzen und auf Suppenteller verteilen. Die Ramadan-Suppe mit frischem Koriandergrün bestreuen, mit Zitronenschnitzen garnieren und sofort servieren.

# LUBIA
## Lamm-Bohnen-Suppe mit vier Gewürzen

*Getrocknete Bohnen sind in Marokko ein Grundnahrungsmittel. Sie werden überall angeboten und sind recht preiswert. Diese nahrhafte Suppe wird fast nur abends gegessen. Jede Köchin bereitet ihre Lubia nach ihren persönlichen Vorstellungen zu, was auch für die meisten anderen marokkanischen Suppen gilt.*

FÜR 6–8 PERSONEN

*3 Zwiebeln*
*4 Gewürznelken*
*400 g getrocknete Dicke Bohnen, eingeweicht und abgetropft (Seite 33)*
*2 l Wasser*
*2 Lorbeerblätter*
*5 Knoblauchzehen, fein gehackt*
*1 fleischiger Knochen vom Lammschlegel, oder 1 Pfund fleischige Lammknochen*
*2 EL natives Olivenöl extra*
*8 Tomaten (etwa 1 kg), enthäutet, entkernt und grob gehackt (Seite 33), oder 1 kg Dosentomaten, zerkleinert*
*2 EL Tomatenmark*
*2 TL gemahlener Kreuzkümmel*
*1 EL süßes Paprikapulver*
*1/8 TL Cayennepfeffer (nach Belieben)*
*4 EL gehacktes frisches Koriandergrün*
*6 EL gehackte glatte Petersilie*
*3–4 TL Salz*

*Frisch gemahlener schwarzer Pfeffer*
*Frisches Koriandergrün, gehackte Zwiebeln und gehackte grüne Oliven zum Bestreuen*
*Hobz Belbula (Seite 81) oder Fladenbrot zum Servieren*

Eine der Zwiebeln mit den Nelken spicken. Die Bohnen mit dem Wasser, den Lorbeerblättern, dem Knoblauch und den Lammknochen in einem Suppentopf erhitzen. Zugedeckt 1 1/2–2 Stunden bei Mittelhitze köcheln lassen, bis die Bohnen weich sind. Die Zwiebel entfernen.

Inzwischen die restlichen beiden Zwiebeln würfeln. Das Olivenöl in einer Pfanne erhitzen, die Zwiebeln bei Mittelhitze in 4–5 Minuten glasig dünsten. Zu den Bohnen geben, die Hälfte der Tomaten, das Tomatenmark, den Kreuzkümmel, das Paprikapulver und, falls gewünscht, Cayennepfeffer unterrühren.

Die restlichen Tomaten mit dem Koriandergrün und der Petersilie im Mixer oder in der Küchenmaschine pürieren. Das Tomatenpüre unter die Bohnen mischen. Noch so lange zugedeckt weiter köcheln lassen, bis das Fleisch weich ist und die Suppe ein kräftiges Aroma entwickelt hat.

Die Suppe mit Salz und Pfeffer abschmecken. Die Fleischknochen oder das abgelöste Lammfleisch auf Suppenteller verteilen, die Suppe darüber schöpfen und mit gehacktem Koriandergrün, Zwiebeln und Oliven bestreuen. Mit warmem Brot servieren.

# SCHORBA DEL FOOL TREH
## Passah-Bohnensuppe mit frischem Koriandergrün

*Wer frischen Koriander liebt, wird auch diese Suppe lieben. Maman Carmon, meine Urgroßmutter mütterlicherseits, kochte sie immer zum Passahfest, ganz nach sephardischer Tradition. Dicke Bohnen, die im ganzen Mittelmeerraum sehr verbreitet sind, gehören zu den ältesten und beliebtesten Bohnensorten der Welt. Im Sommer sind sie bei uns frisch auf Bauernmärkten und in Lebensmittelgeschäften mit Spezialitäten aus dem Mittelmeerraum zu finden. Auch tiefgefroren werden sie angeboten. Falls gewünscht, können für dieses Rezept auch tiefgefrorene Baby-Limabohnen verwendet werden.*

### FÜR 6 PERSONEN

*2 l Fleischbrühe*
*1 große Zwiebel, grob gewürfelt*
*2 Lorbeerblätter*
*1 weiße Rübe, geschält und geviertelt*
*1 Kartoffel, geschält und gewürfelt*
*500 g Rindernacken, in 2–3 cm große Würfel geschnitten*
*900 g frische Dicke Bohnen, entschotet und, falls sie groß sind, geschält (Seite 33), oder 400 g tiefgefrorene Baby-Limabohnen*

*1 Bund frisches Koriandergrün, entstielt*
*1 1/2 TL gemahlener Kreuzkümmel*
*Salz und frisch gemahlener schwarzer Pfeffer*
*Harissa (Seite 39) zum Servieren*

In einem großen Topf die Fleischbrühe mit der Zwiebel, den Lorbeerblättern, der Rübe und der Kartoffel zum Kochen bringen.

Die Fleischwürfel hinzufügen und die Suppe bei Mittelhitze zugedeckt 1–1 1/2 Stunden köcheln lassen, bis das Fleisch weich ist. Die Lorbeerblätter entfernen. Mit einem Schaumlöffel das Fleisch herausheben und beiseite stellen.

Die Dicken Bohnen oder Baby-Limabohnen in die Suppe geben und in 10–15 Minuten weich kochen. Vom Herd nehmen.

Einige Korianderstengel zurückbehalten. Die Bohnen zusammen mit dem anderen Suppengemüse sowie dem restlichen Koriandergrün und der Brühe im Mixer zu einer cremigen Suppe pürieren. Zurück in den Topf gießen, das Fleisch unterrühren. Mit Kreuzkümmel, Salz und Pfeffer abschmecken.

Die Passah-Suppe auf Suppenteller verteilen und mit den Korianderstengeln garnieren. Dazu Harissa reichen.

# SCHORBA B'HODRA
## Safran-Gemüsesuppe

*In marokkanischen Familien ist diese nahrhafte Suppe als leichtes Abendessen beliebt. Dazu isst man mit Kreuzkümmel gewürztes Gerstenbrot (Seite 81) und als Dessert frisches Obst oder Joghurt. Schorba wird manchmal mit einer grobkörnigen Couscous-Sorte angedickt, die „berkok" oder „m'hammsa" genannt wird und meist nur in arabischen Lebensmittelgeschäften verkauft wird. Sie lässt sich durch feine Pastasorten wie zerdrückte Vermicelli oder winzige Stellette oder Puntalette ersetzen.*

FÜR 6 PERSONEN

2 EL natives Olivenöl extra
1/2 Zwiebel, fein gewürfelt
500 g Schmorfleisch vom Rind oder Lamm, entfettet und in 1 cm große Würfel geschnitten
2 TL süßes Paprikapulver
8 Stengel Koriander, mit Küchengarn zusammengebunden
12 Stengel glatte Petersilie, mit Küchengarn zusammengebunden
2 Selleriestangen mit Blättern, fein gehackt
3 Tomaten, enthäutet, entkernt und grob gehackt (Seite 33)
1 Kartoffel, geschält und in 1/2 cm große Würfel geschnitten
3 Möhren, in 1/2 cm große Würfel geschnitten

1 1/4 l Wasser
10 Safranfäden, angeröstet und zerdrückt (Seite 32)
1 Zucchini, in 1/2 cm große Würfel geschnitten
50 g Linsen, abgespült und abgetropft
20 g zerdrückte Vermicelli, Stellette oder Puntalette
2 TL Salz
1/2 TL schwarzer Pfeffer
Gehackte glatte Petersilie oder Koriander zum Bestreuen

Das Olivenöl in einem großen, schweren Topf erhitzen und die Zwiebel, das Schmorfleisch und das Paprikapulver 4–5 Minuten bei Mittelhitze sautieren, bis die Zwiebel glasig ist.

Den Koriander, die Petersilie, den Sellerie, die Tomaten, die Kartoffel, die Möhren und das Wasser zufügen. Zum Kochen bringen. Den Safran hineingeben. Zugedeckt bei Mittelhitze 45–50 Minuten köcheln lassen, bis das Fleisch weich ist. Die Zucchini und die Linsen zufügen.

Die Suppe noch 30–40 Minuten weiterköcheln, bis die Linsen weich sind. Die Pasta zugeben und in weiteren 8–10 Minuten garen. Die Koriander- und Petersiliensträußchen entfernen. Mit Salz und frisch gemahlenem Pfeffer abschmecken.

Die Suppe in Teller schöpfen, mit frischer Petersilie oder Koriander bestreuen und servieren.

# SCHLADA B'FELFLA WA L'HAMD MARKAD

## Geröstete Paprika mit eingelegten Zitronen und Petersilie

*Ich serviere diesen ungewöhnlichen, scharf-säuerlichen Salat gern als Beilage zu gegrillten Meeresfrüchten. Statt der Chilischote können Sie auch eine grüne Paprikaschote nehmen.*

### FÜR 4 PERSONEN

*1 große Chilischote oder 1 grüne Paprikaschote, geröstet (Seite 33)*

*3 Zitronen*

*4 EL fein gehackte glatte Petersilie*

*2 Knoblauchzehen, fein gehackt*

*³/4 TL Salz*

*1 TL gemahlener Kreuzkümmel*

*1 EL frisch gepresster Zitronensaft*

*2 EL natives Olivenöl extra*

*2 TL fein gewürfelte eingelegte Zitronenschale (Seite 36)*

Die Chili- oder Paprikaschote, wie auf Seite 33 beschrieben, nach dem Rösten enthäuten und von den Samen befreien, dann fein würfeln. Beiseite stellen.

Mit dem Sparschäler oder Zesteur von zwei frischen Zitronen vorsichtig die dünne Schale ohne die weiße Innenhaut abschälen. In einem kleinen Topf mit kochendem Wasser 2 Minuten blanchieren. Abtropfen und abkühlen lassen, dann fein hacken und in eine flache Schüssel geben.

Die Zitronenschale mit der Chili- oder Paprikaschote, der Petersilie, dem Knoblauch, Salz, Kreuzkümmel, Zitronensaft, Olivenöl und der eingelegten Zitronenschale vermengen. Beiseite stellen.

Die restliche Zitrone längs halbieren. Jede Hälfte quer in dünne Halbmonde schneiden, dabei die Kerne entfernen. Zum Servieren den Salat in der Mitte einer kleinen Platte aufhäufen und mit den Zitronenhalbmonden umlegen. Mit Zimmertemperatur servieren.

# HEZZU B'LIMMUN
## Gewürfelte Möhren mit Zimt-Orangen-Dressing

*Für diesen erfrischenden Salat werden die Möhren meist gerieben, doch ich ziehe knackigere Würfelchen vor. Das Orangenblütenwasser verleiht dem Gericht einen Anflug von Exotik.*

FÜR 4 PERSONEN

*6 Möhren, geschält und sehr fein gewürfelt*
*3 EL frisch gepresster Orangensaft*

*1 EL frisch gepresster Zitronensaft*
*Salz*
*1/4 TL gemahlener Zimt*
*1 TL fein gehackte glatte Petersilie*
*1 TL Orangenblütenwasser (Seite 31)*

Sämtliche Zutaten in einer Servierschale vermischen, einige Minuten ziehen lassen, damit sich die Aromen entfalten, dann servieren.

# HEZZU M'SCHERMEL
## Karamellisierte Möhren mit Paprika

*Knoblauch und Rotweinessig bilden in diesem marokka-nischen Klassiker ein wunderbares Gegengewicht zu den süßlichen, leicht karamellisierten Möhren. Wie die meisten marokkanischen Salate schmeckt auch dieser mit Zimmertemperatur am besten.*

### FÜR 4 PERSONEN

*6 Möhren, geschält und in dünne Scheibchen geschnitten*
*3 Knoblauchzehen, fein gehackt*
*1 TL süßes Paprikapulver*
*1 TL Zucker*
*60 ml Wasser*
*1 EL Rotweinessig*
*Salz*
*1 EL fein gehackte glatte Petersilie zum Bestreuen*

Die Möhren, den Knoblauch, das Paprikapulver, den Zucker und das Wasser in einem kleinen Topf zugedeckt erhitzen. Bei Mittelhitze 12–15 Minuten schmoren lassen, bis die Möhren leicht karamellisiert sind. Den Essig zufügen und noch 1 Minute köcheln lassen. Vom Herd nehmen und salzen.

Die Möhren in einer Schüssel anrichten, nach dem Abkühlen mit Petersilie bestreuen und servieren.

*Im Uhrzeigersinn von links oben: Gurken-Tomaten-Salat mit frischer Minze, Romanaherzen mit Orangen und Datteln, bunte Grillpaprika mit eingelegter Zitrone, Karamellisierte Möhren mit Paprika, rote Grillpaprika mit Knoblauch*

# MATISCHA MHASSELA
## Würziges Tomatenpüree mit Honig

*Diese Spezialität stammt aus der Kaiserstadt Fes, Marokkos kulinarischer Hauptstadt. Die sämige Sauce aus gekochten Tomaten, Honig und Gewürzen kann als Vorspeise oder bei einer „diffa" immer wieder als erfrischender Zwischengang serviert werden. Man isst sie mit dem Löffel.*

ERGIBT ETWA 500 ML

*2 kg Tomaten, enthäutet, entkernt und grob gehackt (Seite 33)*
*3/4 TL gemahlener Zimt*
*1/2 TL gemahlener Ingwer*
*1/4 TL schwarzer Pfeffer*

*2 EL Honig*
*4 EL ganze, blanchierte Mandeln, geröstet (Seite 33)*

Die Tomaten, den Zimt und den Ingwer in einem großen Emailletopf etwa 1–1 1/2 Stunden bei halb geöffnetem Deckel auf schwacher Hitze schmoren lassen, bis die Mischung zu einem dicken Püree eingekocht ist, dabei gelegentlich umrühren. Den Pfeffer und den Honig zufügen, den Honig unter Rühren in 4–5 Minuten auflösen. Das Püree in eine Servierschüssel gießen. Mit den Mandeln garnieren und servieren.

**Tipp:** Dieses köstliche Püree hält sich luftdicht verschlossen bis zu einer Woche im Kühlschrank.

# L'HASS B'LIMMUN WA TMAR
## Romanaherzen mit Orangen und Datteln

*Meine Freundin Ahlam Lemseffer ist nicht nur eine bekannte Künstlerin, sondern auch eine ausgezeichnete Köchin. Diese leichte Erfrischung servierte sie zusammen mit einer bunten Auswahl anderer köstlicher Salate als Auftakt eines eleganten marokkanischen Festmenüs, das sie mir zu Ehren gab.*

FÜR 4 PERSONEN

*Zarte Innenblätter von 4 Romanaköpfen, gewaschen und abgetropft*
*3 süße Orangen*
*1/2 TL gemahlener Zimt*
*1 EL frisch gepresster Zitronensaft*
*2 TL Zucker, oder nach Belieben*
*8 Datteln, entsteint und fein gewürfelt*

Die Salatblätter in dünne Streifchen schneiden. Beiseite stellen. Mit einem großen, scharfen Messer die Orangen oben und unten kappen, dann die Schale bis zum Fruchtfleisch abschneiden. In jede Orangenspalte links und rechts der Trennhäute einen Einschnitt machen, sodass sich das Fruchtfleisch herauslösen lässt. Die Kerne dabei entfernen. Von den verbliebenen Trennhäuten über einem Schälchen etwa 3 EL Orangensaft ausdrücken. Die Fruchtfleischspalten in je zwei bis drei Stücke teilen. In einem Schälchen mit Zimt bestreuen und beiseite stellen.

In einer kleinen Schüssel den Zitronensaft und den Orangensaft mit dem Zucker verschlagen. Zum Servieren den Blattsalat auf vier Teller verteilen. Die Orangenstücke und Dattelwürfel darauf anrichten. Mit dem Dressing beträufeln und gleich servieren.

# ZAHLUK
## Auberginen-Tomaten-Kaviar

*An der schmalen Küstenstraße zwischen Casablanca und unserer Heimatstadt Azemmour schlagen zahlreiche Gemüsebauern ihre Stände auf, deshalb plane ich auf der Fahrt immer eine Stunde zusätzlich für einen unvorhergesehenen Halt ein. Im Kofferraum liegen ein oder zwei Strohkörbe, weil ich aus Erfahrung weiß, dass ich unterwegs irgendwann dem verlockenden Angebot dieser Stände erliegen und vielleicht knackige Fenchelknollen, süße Mandarinen, zarten jungen Spargel oder wilde Morcheln kaufen werde. Einmal stach mir ein Karren ins Auge, der mit glänzenden, tiefvioletten Auberginen beladen war: genau das Richtige für einen Zahluk, einen Salat, der in Marokko überall zu finden ist und manchmal der „Kaviar des kleinen Mannes" genannt wird.*

### FÜR 4 PERSONEN

*1 feste runde Aubergine (etwa 450 g)*
*2 EL natives Olivenöl extra*
*4 reife Tomaten, enthäutet, entkernt und grob gehackt (Seite 33)*
*1/2 TL süßes Paprikapulver*
*1 TL gemahlener Kreuzkümmel*
*4 Knoblauchzehen, fein gehackt*
*2 EL gehackte glatte Petersilie*
*2 EL gehacktes Koriandergrün*
*Salz und frisch gemahlener schwarzer Pfeffer*
*1 EL frisch gepresster Zitronensaft*
*Glatte Petersilie zum Bestreuen*

Den Backofen auf 190 °C (Gasherd Stufe 3) vorheizen. Mit der Gabel an mehreren Stellen in die Aubergine einstechen. Die Aubergine in eine kleine Backform legen und 50–60 Minuten im Ofen garen, bis das Fruchtfleisch weich ist. Abkühlen lassen. Die Aubergine halbieren und mit einem Löffel das Fruchtfleisch herausschälen. Beiseite stellen.

In einer mittelgroßen schweren Pfanne das Öl erhitzen. Die Tomaten bei Mittelhitze unter gelegentlichem Rühren 5–6 Minuten darin schmoren. Das Auberginenfleisch, das Paprikapulver, den Kreuzkümmel, den Knoblauch, die Petersilie und den Koriander unterrühren. Bei schwacher Hitze 20–25 Minuten schmoren, dabei gelegentlich umrühren, bis fast alle Flüssigkeit verdampft ist. Mit Salz und Pfeffer abschmecken. In eine Servierschüssel füllen und den Zitronensaft unterrühren. Mit Petersilie garnieren. Mit Zimmertemperatur servieren.

# BOKKOLA B'ZITUN
## Spinatsalat mit Oliven und eingelegten Zitronen

*Dieses Rezept ließ schon so manchen zum Spinatliebhaber werden. Die Zitronen, die dem Gericht das besondere Aroma verleihen, müssen mehrere Wochen im Voraus zubereitet werden. Schwarze Oliven sind für diesen Salat weniger geeignet.*

FÜR 4 PERSONEN

*Etwa 700 g frischer Spinat, entstielt, gewaschen und abgetropft*
*2 EL natives Olivenöl extra*
*1 EL süßes Paprikapulver*
*1 EL gemahlener Kreuzkümmel*
*1 TL frisch gemahlener schwarzer Pfeffer*
*6 EL gehacktes Koriandergrün*
*3 Knoblauchzehen, fein gehackt*
*15 grüne Oliven, entsteint*
*2 TL fein gewürfelte eingelegte Zitronenschale (Seite 36)*
*1 kleine unbehandelte Zitrone, in feine Scheibchen geschnitten*

Den Spinat in einem großen Topf 2–3 Minuten in sprudelnd kochendem Wasser blanchieren, bis er zusammenfällt. Durch ein Sieb abgießen und abkühlen lassen. Mit dem Rücken eines Löffels überschüssiges Wasser ausdrücken. Den Spinat auf einem Brett fein hacken und beiseite stellen.

Das Olivenöl, das Paprikapulver, den Kreuzkümmel und den Pfeffer in eine große Pfanne geben. Die Gewürze bei Mittelhitze unter ständigem Rühren 1–2 Minuten anrösten. Den gehackten Spinat, das Koriandergrün und den Knoblauch zufügen. Unter ständigem Rühren 8–10 Minuten schmoren, bis fast alle Flüssigkeit verdampft ist.

Sechs Oliven beiseite stellen, die restlichen fein hacken. Mit der gewürfelten Zitronenschale unter den Spinat mischen und noch 2–3 Minuten durchwärmen. Beiseite stellen und abkühlen lassen.

Zum Servieren den Spinat in die Mitte einer Platte häufen. Mit den ganzen Oliven belegen. Die Zitronenscheibchen halbieren und als Bordüre um den Spinat legen. Mit Zimmertemperatur servieren.

# FELFLA HAMRA M'KLIYA
## Rote Grillpaprika mit Knoblauch

*Jedes Jahr freue ich mich schon auf die leuchtend roten Tomatenpaprika, die richtigen für diesen göttlichen Salat. Eine Freundin in Fes hat ihn mir zum ersten Mal vorgesetzt. Ich sah sie zwinkern, als sie den Teller vor mich hinstellte, weil sie schon wusste, wie begeistert ich sein würde. Ich hätte Unmengen von dieser Köstlichkeit essen können! Für dieses Rezept sind die roten Paprikaschoten ein Muss – grüne oder gelbe sind kein Ersatz.*

FÜR 4 PERSONEN

*6 fleischige rote Paprikaschoten (etwa 1 kg)*
*Salz zum Bestreuen*
*3 EL natives Olivenöl extra*
*3 Knoblauchzehen, fein gehackt*

Die Paprikaschoten, wie auf Seite 33 beschrieben, rösten, danach abkühlen lassen, die Haut abziehen und die Kerne entfernen. Die Paprikaschoten in 2–3 cm breite Streifen schneiden und mit etwas Salz bestreuen. In ein Sieb geben und im Kühlschrank mindestens 4 Stunden oder über Nacht abtropfen lassen.

Das Olivenöl in einer großen Pfanne erhitzen. Den Knoblauch darin bei Mittelhitze in 1–2 Minuten goldbraun rösten.

Die Paprikastreifen zufügen, 3–4 Minuten bei schwacher Hitze schmoren lassen, dann wenden und noch einmal 3–4 Minuten schmoren. Mit einem Schaumlöffel auf Küchenpapier heben, damit überschüssiges Fett weggesaugt wird. In einer kleinen Schale anrichten. Mit Zimmertemperatur servieren.

# MESLALLA
## Orangen-Oliven-Salat

*In Marokko werden wie in den meisten Mittelmeerländern große Mengen Oliven verzehrt. Auf den farbenprächtigen Märkten in der Medina Casablancas, der arabischen Altstadt, quellen große blaue Fässer schier über von glänzenden Bergen grüner, violetter und schwarzer Oliven. Manche sind mit brennend scharfen roten Chilischoten gewürzt, andere mit eingelegten Zitronen, Knoblauch oder den kleinen sauren Pomeranzen oder Bitterorangen, wie auch ich sie häufig für diesen Salat verwende. Doch er schmeckt auch mit Blutorangen, süßen Valencia-Orangen oder Navelorangen.*

### FÜR 4 PERSONEN

*4 Orangen*
*20 schwarze Oliven, entsteint und grob gehackt*
*1/2 TL gemahlener Kreuzkümmel*
*1/4 TL süßes Paprikapulver*
*Salatblätter zum Anrichten*
*Gehackte glatte Petersilie zum Bestreuen*

Mit einem großen scharfen Messer die Orangen am oberen und unteren Ende bis zum Fruchtfleisch kappen. Auf ein abgeflachtes Ende setzen und bis zum Fruchtfleisch schälen. Links und rechts der Trennhäute je einen Einschnitt machen und das Fruchtfleisch spaltenweise herauslösen. Die Kerne entfernen. Jede Spalte in drei Stücke teilen.

In einer mittelgroßen Schüssel die Orangenspalten mit den gehackten Oliven, dem Kreuzkümmel und dem Paprika vermischen.

Eine Servierschüssel mit Salatblättern auskleiden. Den Orangensalat darauf anrichten. Mit Petersilie garnieren und servieren.

# SCHLADA B'FOOL WA ZITUN
## Frische Dicke Bohnen mit Oliven

*Dicke Bohnen kommen Anfang des Frühjahrs auf den Markt. Zusammen mit den Oliven und dem Koriander ergeben sie einen echten Frühlingssalat in frischen Grüntönen.*

### FÜR 4 PERSONEN

*1 EL natives Olivenöl extra*
*500 g frische Dicke Bohnen, entschotet und, falls sie groß sind, geschält (Seite 33)*
*60 ml Wasser*
*3 Knoblauchzehen*
*1 TL süßes Paprikapulver*
*12 grüne Oliven*
*1 EL frisch gepresster Zitronensaft*
*1 TL fein gewürfelte eingelegte Zitronenschale (Seite 36)*
*2 EL fein gehacktes Koriandergrün*

Das Olivenöl, die Dicken Bohnen, das Wasser, den Knoblauch und das Paprikapulver in einem mittelgroßen Topf erhitzen. Zugedeckt bei Mittelhitze 10–15 Minuten köcheln lassen, bis die Bohnen weich sind.

Die Oliven entsteinen, kurz unter fließendem Wasser abspülen, in ein Sieb geben und abtropfen lassen. Die Oliven, den Zitronensaft und die Zitronenschale zu den Bohnen geben und alles unter ständigem Rühren noch 1–2 Minuten erhitzen. In eine Servierschüssel füllen, den Koriander untermischen. Warm oder lauwarm servieren.

# BISSARA
## Dip aus frischen Dicken Bohnen

„Jedermann glaubt, seine Dicke Bohnen
seien die besten."

Marokkanisches Sprichwort

*Dies ist meine persönliche Version von „bissara", einem traditionellen Püree aus getrockneten Dicken Bohnen oder Kichererbsen ähnlich dem bekannten Hummus des Nahen Ostens. Ich bereite diese köstliche Variante mit den frischen Bohnenkernen zu, die jährlich auf den marokkanischen Märkten den Frühling ankündigen. Zarte, junge Bohnenkerne brauchen nach dem Enthülsen nicht geschält zu werden.*

ERGIBT ETWA 1/2 LITER

*1 kg frische Dicke Bohnen, entschotet und, falls sie groß sind, geschält (Seite 33)*
*3–4 EL frisch gepresster Zitronensaft*
*5–6 EL natives Olivenöl extra*
*1/4 TL Salz*
*1/2 TL gemahlener Kreuzkümmel*
*2 TL fein gehackte glatte Petersilie*
*Fladenbrotstücke, rohe Gemüsescheiben oder Cracker zum Stippen*

In einem mittelgroßen Topf Wasser zum Kochen bringen und die Bohnen darin 2–3 Minuten blanchieren. Abgießen, dabei 3 EL von der Kochflüssigkeit auffangen. Große Bohnenkerne schälen.

Die Hälfte der Bohnen mit den 3 EL Kochflüssigkeit und dem Zitronensaft im Mixer oder der Küchenmaschine pürieren. (Mehr Flüssigkeit zugießen, falls ein cremigerer Dip gewünscht wird.) Beim Pürieren die Bohnenmasse mit einem Schaber an den Seitenwänden entlang nach unten schieben, bis eine glatte Creme entsteht. Die restlichen Bohnen und das Öl zufügen und glatt pürieren. In eine Servierschüssel füllen, Salz und Kreuzkümmel unterrühren. Mit der Petersilie bestreuen. Mit Fladenbrot, Gemüse oder Crackern zum Stippen servieren.

# SCHLADA FELFLA MESCHWIYA
## Bunte Grillpaprika mit eingelegter Zitrone

*Für mich gehört der leicht süßliche Duft von Paprika-*
*schoten, die über Holzkohle grillen, zu den aufregendsten*
*Aromen der marokkanischen Küche. Rote, gelbe und grüne*
*Paprikaschoten werden zu einem bunten Salat gemischt,*
*der auch das Auge erfreut.*

FÜR 4 PERSONEN

*3 große Paprikaschoten, geröstet, enthäutet und von*
*den Samen und Scheidewänden befreit (Seite 33)*
*2 Knoblauchzehen, fein gehackt*
*2 EL natives Olivenöl extra*
*1 TL gemahlener Kreuzkümmel*
*1/2 TL Salz*

*1/4 TL frisch gemahlener schwarzer Pfeffer*
*2 EL frisch gepresster Zitronensaft*
*1 EL fein gehackte glatte Petersilie*
*2 TL fein gewürfelte eingelegte Zitronenschale*
*(Seite 36)*
*1 Kringel Zitronenschale zum Garnieren*

Die gerösteten Paprikaschoten klein würfeln und in einem Sieb 30–60 Minuten abtropfen lassen. In einer Servierschale mit dem Knoblauch, dem Olivenöl, dem Kreuzkümmel, dem Salz, dem Pfeffer, dem Zitronensaft, der Petersilie und der eingelegten Zitronenschale vermischen. Mit der frischen Zitronenschale garnieren. Lauwarm servieren.

# SEBHA DEL HDARI
## Ratatouille mit Datteln

*Auberginen gelangten mit den Arabern, die im ausgehenden siebten Jahrhundert ganz Nordafrika eroberten, nach Marokko. Seit damals sind sie aus der marokkanischen Küche nicht mehr wegzudenken und finden sich in der gesamten Speisenpalette, von Salaten bis zu Tagines. Die Datteln verleihen dieser Auberginen-Ratatouille einen süßlichen, nordafrikanischen Akzent.*

### FÜR 6–8 PERSONEN

*4 EL natives Olivenöl extra*
*1 Zwiebel, gehackt*
*1 rote Paprikaschote, von den Samen und weißen Scheidewänden befreit und gewürfelt*
*3 Tomaten, grob gehackt*
*1 frischer Rosmarinzweig*
*1 Lorbeerblatt*
*4 Knoblauchzehen, gehackt*
*1 Aubergine, geschält und gewürfelt*
*2 Zucchini, gewürfelt*
*100 g Datteln, entsteint und gehackt*
*2 TL süßes Paprikapulver*

*Salz*
*Frisch gemahlener schwarzer Pfeffer*
*2 EL Mandelblättchen, geröstet (Seite 33)*

Den Backofen auf 190 °C (Gasherd Stufe 3) vorheizen. In einer mittelgroßen emaillierten Kasserolle 2 EL Olivenöl erhitzen. Die Zwiebel und die Paprikaschote in 3–4 Minuten darin weich schmoren. Die Tomaten, den Rosmarin, das Lorbeerblatt und den Knoblauch zufügen. Beiseite stellen.

In einem mittelgroßen Topf die restlichen 2 EL Olivenöl erhitzen und die Aubergine und die Zucchini bei Mittelhitze in 3–4 Minuten goldbraun braten. Auf Küchenpapier entfetten. Die Aubergine, die Zucchini, die Datteln und das Paprikapulver in die Kasserolle geben, alles gut vermischen.

Fest verschließen und 25–30 Minuten im Ofen garen, bis das Gemüse weich ist. Aus dem Ofen nehmen, den Rosmarinzweig und das Lorbeerblatt entfernen. Mit Salz und Pfeffer abschmecken. Die Ratatouille mit gerösteten Mandelblättchen garnieren und heiß oder lauwarm servieren.

# FEKKUS WA MATISCHA B'NAHNA
## Gurken-Tomaten-Salat mit frischer Minze

*Grüne Minze verleiht diesem klassischen marokkanischen Salat, der mit der langen, schlanken Schlangengurke zubereitet wird, eine wunderbar erfrischende Note.*

FÜR 4 PERSONEN

*1 große, entkernte Gurke, geschält und fein gehackt*
*2 reife Tomaten, enthäutet, entkernt und gehackt*
*(Seite 33)*
*2 Frühlingszwiebeln, fein gehackt*
*1 EL gehackte frische Minze*

*2 EL natives Olivenöl extra*
*2 TL frisch gepresster Zitronensaft*
*Salz*
*Frisch gemahlener schwarzer Pfeffer*
*Frische Minzeblätter zum Garnieren*

In einer Servierschüssel die Gurke, die Tomaten, die Frühlingszwiebeln, die Minze, das Olivenöl, den Zitronensaft sowie Salz und Pfeffer gut vermischen. Den Salat mit den Minzeblättern garnieren und mit Zimmertemperatur servieren.

# L'BSSATEL, BRIOUAT, WA L'HOBZ

# Pikante Teiggerichte und Brot

„B'stila", diese goldbraun gebackene Pastete, gilt weithin als die Krönung marokkanischer Kochkunst. In Fes, der kulinarischen Hauptstadt des Landes, wird B'stila nach traditionellem Brauch allen frisch Vermählten am Morgen nach ihrer Hochzeit serviert, als Symbol für den Wunsch der Familie, das Leben des jungen Paares möge genauso süß sein wie diese köstliche Teigspeise.

Die Ursprünge der B'stila sind unter Kulturhistorikern nach wie vor umstritten. Manche halten sie für eine persische Kreation, die von den arabischen Nachbarn übernommen und mit der Eroberung Nordafrikas verbreitet wurde. Andere Experten schreiben das Gericht den neuerungsfreudigen Köchinnen von Al Andalus zu, dem mittelalterlich-arabischen Spanien. Wie dem auch sei, B'stila hat längst einen festen Platz unter den typisch marokkanischen Spezialitäten erobert.

Ursprünglich wurde B'stila mit Taubenfleisch zubereitet, heute nimmt man dafür meist Huhn. Das Fleisch schmort zunächst in einer nach Safran, Zimt und Ingwer duftenden Sauce, wird dann zerpflückt und mit verquirlten Eiern, gemahlenen Mandeln und Puderzucker zu einer delikaten Füllung vermischt, die zwischen papierdünnen Teigblättern, *warka* genannt, verteilt wird.

Eine goldene B'stila, frisch aus dem Ofen, mit Puderzucker und Zimt bestäubt, wird am Tisch immer großen Beifall ernten. Der aufmerksame marokkanische Gastgeber sticht rasch einige Löcher in die blättrige Kruste, damit sich der köstliche Duft entfalten kann. Nach dem traditionellen Segensruf *Bismillah!* bricht er mit geschickten Fingern einen Bissen ab und kredenzt ihn einem der Ehrengäste.

# B'STILA D'DJEDJ
## B'stila mit Huhn

*Für B'stila braucht man papierdünne, „warka" genannte Teigblätter, deren Zubereitung eine eigene, beträchtliches Geschick erfordernde Kunst ist. Die Herstellung von „warka" ist in Marokko vor allem die Domäne der „dadas", der von sudanesischen Sklaven abstammenden Frauen, die Ruhm für ihre Fingerfertigkeit erlangt haben. Diese Spezialistinnen sitzen stundenlang vor einem kleinen Holzkohlenfeuer und drücken Bällchen des feuchten, glatten Teigs auf die heiße, verzinnte Oberseite einer runden Kupferpfanne namens „tabsil dial warka", die große Ähnlichkeit mit modernen Crêpepfannen hat und direkt über der Glut steht. Die „tabsil" wird gleichmäßig mit überlappenden Teigkreisen bedeckt. Nach einer Minute schält die „dada" ein hauchdünnes, durchscheinendes Blatt „warka", nicht dicker als eine Zwiebelhaut, von der Pfanne ab. Die meisten Marokkanerinnen aber kaufen heute fertige „warka" auf ihrem Markt. Filoteig, den man in griechischen Lebensmittelgeschäften erhält, ist ein ausgezeichneter Ersatz für „warka".*

ERGIBT EINE B'STILA VON 25 CM
DURCHMESSER

*FÜR DIE FÜLLUNG:*
*2 EL Pflanzenöl*
*1 Zwiebel, fein gehackt*
*6 Hähnchenschenkel, enthäutet*
*3 Hähnchenbrusthälften, enthäutet und entbeint*
*4 EL fein gehackte glatte Petersilie*
*2 EL fein gehacktes Koriandergrün*
*1/4 TL gemahlenes Kurkuma*
*8 Safranfäden, geröstet und zerdrückt (Seite 32)*

*1/4 l Wasser*
*1 TL gemahlener Ingwer*
*1 1/4 TL gemahlener Zimt*
*3 Eier, leicht verquirlt*
*1 TL Salz*
*1/2 TL frisch gemahlener schwarzer Pfeffer*
*75 g Puderzucker*

*FÜR DIE MANDELMISCHUNG:*
*100 g Mandeln, blanchiert*
*50 g Puderzucker*
*1 TL gemahlener Zimt*
*12 Blätter Filoteig, frisch oder aufgetaut*
*250 g Butter, zerlassen*
*Gemahlener Zimt und Puderzucker zum Bestreuen*

**Füllung:** Das Öl in einem großen, schweren Topf erhitzen. Die Zwiebel darin in 6–8 Minuten goldgelb braten. Das Fleisch, die Petersilie, das Koriandergrün, Kurkuma, Safran, Wasser, Ingwer und Zimt zufügen. Zugedeckt 20–25 Minuten leise köcheln, bis das Fleisch gar ist. Das Fleisch mit einem Schaumlöffel herausheben und abkühlen lassen.

Die Sauce im Topf weiterköcheln lassen, die verquirlten Eier, Salz, Pfeffer und Zucker zufügen. Ständig rühren, bis die Eier gestockt sind. Das Hähnchenfleisch entbeinen und zerpflücken und zur Eimasse geben. Beiseite stellen.

**Mandelmischung:** Die Mandeln in der Küchenmaschine grob hacken. In einem Schälchen mit dem Zucker und Zimt vermischen. Beiseite stellen.

Den Backofen auf 220 °C (Gasherd Stufe 4–5) vorheizen. Zwölf Blätter Filoteig aus dem Päckchen nehmen, die restlichen Teigblätter wieder in die Originalfolie einwickeln und für weiteren Gebrauch im Kühlschrank aufbewahren.

Die zwölf Teigblätter auf der Arbeitsfläche stapeln. Mit einem scharfen Messer und einer Gratinpfanne oder einer anderen ofenfesten Pfanne von 25 cm Durchmesser als Schablone den Teigstapel zu Kreisen schneiden. Die Filoteigkreise während der Arbeit mit einem feuchten Tuch bedeckt halten. Die Teigreste werden nicht mehr benötigt. Die Gratinpfanne mit etwas zerlassener Butter einpinseln.

Drei Teigkreise übereinander in die Pfanne schichten, dabei jedes Teigblatt leicht mit zerlassener Butter einpinseln. Das dritte Blatt gleichmäßig mit der Hälfte der Mandelmischung bestreuen. Drei weitere Teigkreise buttern und darauf schichten. Die Fleischmischung gleichmäßig darauf streichen, dabei am Rand 4 cm frei lassen. Die Teigränder darüber schlagen, sodass die Füllung teilweise bedeckt ist. Drei weitere Teigblätter buttern und einschichten, mit der restlichen Mandelmischung bedecken. Die letzten drei Blätter buttern und darüber legen. Die Ränder dieser letzten sechs Teigblätter unter die ganze B'stila schlagen wie ein Leintuch unter die Matratze.

Die B'stila in 20–25 Minuten goldbraun backen. Den Puderzucker in ein feines Sieb geben. An den Rand des Siebs klopfen, um die B'stila leicht und gleichmäßig einzustäuben. Mit Daumen und Zeigefinger den gemahlenen Zimt in sechs bis acht einander kreuzenden Linien in einem Rautenmuster aufstreuen oder ein Papierdeckchen oder eine andere Schablone auflegen, damit der Zimt ein Muster bildet. Sofort servieren, bevor der Teig aufweicht.

**Tipp:** Ich bereite oft mehrere B'stilas gleichzeitig zu, backe und serviere aber davon nur eine und friere die anderen roh und in Alufolie gewickelt ein. Sie halten sich im Gefrierschrank bis zu 2 Monate. Die B'stila braucht vor dem Backen nicht aufgetaut zu werden, muss aber etwa 10 Minuten länger im Ofen backen.

# KRAIYSCHLET
## Anis-Sesam-Brötchen

*Am Sonntagvormittag sitze ich in Azemmour gern vor dem großen Bogenfenster im Atrium von Dar Zitoun und tunke eins dieser köstlichen Kraiyschlet-Brötchen in meine Tasse dampfenden Milchkaffee. Dabei beobachte ich das ausgelassene Treiben auf der anderen Seite des Flusses Oum er Rbia.*

*Grüppchen aufgeregt durcheinander schwatzender junger Frauen rumpeln in Pferdewagen zum jahrhundertealten Schrein der Lalla Aïcha Bahria (Lalla Aïcha am Meer), drei Kilometer die Staubstraße entlang, die zum Atlantik führt. Die Frauen kommen aus allen Teilen des Landes und hoffen auf einen „baraka" (Segen) von der heiligen Frau, damit ihre Herzensangelegenheiten einen guten Ausgang nehmen.*

ERGIBT ETWA 20 BRÖTCHEN

$1/8$ l lauwarme Milch (40–45 °C)

1 Päckchen Trockenhefe

4 EL Anissamen, geröstet (Seite 33)

6 EL Sesamsamen, geröstet (Seite 33)

4 Eier

$1/4$ TL Salz

100 g Zucker

80 ml Orangenblütenwasser (Seite 31)

$1/8$ l plus 2 EL Wasser

80 ml Pflanzenöl

80 g Butter, zerlassen

750 g Weizenmehl

In einem Schälchen die lauwarme Milch mit der Hefe verrühren. Etwa 10 Minuten stehen lassen, bis sich Schaum bildet. Inzwischen die Anissamen im Mörser grob zerstoßen oder in der Gewürzmühle grob schroten. Beiseite stellen.

1 EL von den Sesamsamen zurückbehalten. In einer großen Schüssel 2 Eier mit dem restlichen Sesam, dem Anis, Salz, Zucker, dem Orangenblütenwasser, $1/8$ l Wasser, Öl und Butter verquirlen. Etwa die Hälfte des Mehls unterrühren. In die Mitte eine Mulde drücken und die Hefemischung sowie das restliche Mehl einrühren. Wird das Umrühren mit dem Kochlöffel zu schwierig, den Teig auf eine leicht bemehlte Arbeitsfläche geben. Etwa 8–10 Minuten durchkneten, bis der Teig glatt und elastisch ist. Zu einer großen Kugel formen und 15–20 Minuten gehen lassen.

Etwa eigroße Teigstücke abzwicken und zwischen den Handflächen zu kleinen Kugeln rollen. Auf ein leicht bemehltes, beschichtetes oder mit Antihaftpapier bedecktes Backblech setzen und zu etwa 10 cm großen Kreisen flach drücken. An einem warmen, zugfreien Ort 20–30 Minuten bis fast zur doppelten Größe aufgehen lassen.

Den Backofen auf 180 °C (Gasherd Stufe 2–3) vorheizen. Die restlichen 2 Eier in einem Schälchen mit 2 EL Wasser verquirlen und die Brötchen damit einpinseln. An mehreren Stellen mit einem Zahnstocher einstechen, mit Sesam bestreuen. In 10–12 Minuten goldbraun backen. Auf einem Rost abkühlen lassen.

# B'STILA B'HOOT
## Fisch-B'stila mit Tomaten-Chermula-Sauce

*In den letzten Jahren bin ich immer wieder Füllungen für B'stila begegnet, die nicht traditionell überliefert, aber dennoch köstlich waren. Dazu gehört auch diese Fischfüllung. Zu dieser B'stila reiche ich gern eine Tomatensauce, die ich mit einer aromatischen Mischung aus Kreuzkümmel, Paprikapulver, Knoblauch und Korianderblättern würze – dieselben Gewürze verleihen auch der „chermula", einer Marinade, ihren typischen Geschmack. Fisch-B'stila können Sie wunderbar als Auftakt eines anspruchsvollen Menüs servieren, aber auch als Hauptgang eines leichten Mittagessens. Jeder festfleischige Fisch wie Goldmakrele, Roter Schnapper, Wolfsbarsch oder Zackenbarsch ist dafür geeignet.*

ERGIBT 1 B'STILA VON 25 CM
DURCHMESSER

*FÜR DIE FÜLLUNG:*
2 EL natives Olivenöl extra
2 Zwiebeln, sehr fein gewürfelt
1 Knoblauchzehe, gehackt
2 Tomaten, enthäutet und gewürfelt
2 TL süßes Paprikapulver
2 EL gemahlener Kreuzkümmel
15 grüne Oliven, entsteint, abgetropft und fein gehackt
3 EL Zitronensaft
300 g festfleischige weiße Fischfilets ohne Gräten, in 2–3 cm große Stücke geschnitten
3/4 TL Salz
2 EL gehacktes Koriandergrün
3 EL gehackte glatte Petersilie
1/8 TL Cayennepfeffer (nach Belieben)

*FÜR DIE TOMATEN-CHERMULA-SAUCE:*
2 EL natives Olivenöl extra
2 Knoblauchzehen, gehackt
1 TL gemahlener Kreuzkümmel
2 TL süßes Paprikapulver
5 Tomaten, enthäutet, entkernt und grob gehackt (Seite 33)
1/4 TL Zucker
3 EL gehackte glatte Petersilie
2 EL gehacktes Koriandergrün
1/2 TL Salz
8 Blätter Filoteig, frisch oder aufgetaut
125 g Butter, zerlassen

**Füllung:** Das Olivenöl in einer großen Pfanne erhitzen. Die Zwiebeln und den Knoblauch unter gelegentlichem Rühren 5–6 Minuten sautieren, bis die Zwiebeln weich sind. Die Tomaten, das Paprikapulver, den Kreuzkümmel, die Oliven und den Zitronensaft zufügen. 1 Minute unter Rühren köcheln lassen. Den Fisch zufügen und unter vorsichtigem Wenden in 6–8 Minuten garen, bis er zu zerfallen beginnt. Vom Herd nehmen, den Fisch zerpflücken. Mit Salz, Koriandergrün, Petersilie und, falls gewünscht, Cayennepfeffer würzen. Die Füllung abkühlen lassen.

**Sauce:** Das Olivenöl in einem mittelgroßen Topf erhitzen. Den Knoblauch, den Kreuzkümmel und das Paprikapulver 2–3 Minuten unter Rühren anbraten, bis sich ihr Aroma entfaltet. Darauf achten, dass das Öl dabei nicht zu heiß wird. Die Tomaten, den Zucker, die Petersilie und das Koriandergrün zufügen. 8–10 Minuten köcheln lassen, bis die Sauce etwas eindickt, dabei gelegentlich umrühren. Mit Salz abschmecken und beiseite stellen.

Den Backofen auf 220 °C (Gasherd Stufe 4–5) vorheizen. Acht Filoteigblätter aus dem Päckchen nehmen, den restlichen Teig wieder einwickeln und für einen späteren Gebrauch im Kühlschrank aufbewahren.

Die acht Teigblätter auf der Arbeitsfläche stapeln. Mit einem scharfen Messer und einer 30 cm großen Gratinpfanne oder anderen feuerfesten Form als Schablone den Teigstapel zu Kreisen schneiden. Die Teigreste werden nicht mehr benötigt. Die Gratinform mit etwas zerlassener Butter einpinseln.

Vier Teigkreise in die Form schichten, dabei jedes Teigblatt mit etwas zerlassener Butter einpinseln. Die Fischfüllung gleichmäßig auf dem vierten Blatt verteilen, dabei einen 4 cm breiten Teigrand frei lassen. Diesen Rand so umschlagen, dass die Füllung teilweise bedeckt ist.

Die restlichen vier Teigkreise nacheinander buttern, über die Füllung schichten und dann die Ränder ringsherum unter die B'stila schlagen wie ein Leintuch unter die Matratze.

Die B'stila in 20–25 Minuten goldbraun backen. In Stücke schneiden und sofort mit der warmen Sauce als Beigabe servieren.

# BRIUAT B'KEFTA
## Briuats mit Rind und Lamm

*Das Wort „Briuat" bedeutet auf Arabisch „kleiner Brief", sicher wegen der Ähnlichkeit dieser gefalteten Taschen aus Filoteig mit einem Briefchen (obwohl manche marokkanische Köchinnen sie lieber wie chinesische Frühlingsrollen aufrollen). Wie auch bei B'stilas umhüllt der Teig die unterschiedlichsten süßen oder pikanten Füllungen.*

ERGIBT ETWA 2 DUTZEND BRIUATS

FÜR DIE FÜLLUNG:
200 g sehr fein gehacktes Rindfleisch (zweimal durch den Wolf gedreht)
200 g sehr fein gehacktes Lammfleisch (zweimal durch den Wolf gedreht)
1/2 Zwiebel, fein gewürfelt
2 Knoblauchzehen, fein gehackt
1 EL gehackte Minze
2 EL gehackte glatte Petersilie
1 TL süßes Paprikapulver
2 TL gemahlener Kreuzkümmel
1 Ei, leicht verquirlt
Salz
Frisch gemahlener schwarzer Pfeffer
6 Blätter Filoteig, frisch oder aufgetaut
1 Ei, leicht verquirlt
Pflanzenöl zum Frittieren
Zitronenspalten zum Garnieren

**Füllung:** In einem großen Topf das Hackfleisch bei Mittelhitze 2–3 Minuten anbraten, die Klümpchen mit einer Gabel zerdrücken. Die Zwiebel und den Knoblauch zufügen. Unter Rühren 10–12 Minuten weiterbraten, bis die Masse fast trocken ist. Vom Herd nehmen und abkühlen lassen.

Das Hackfleisch in einer Schüssel mit der Minze, der Petersilie, dem Paprikapulver, dem Kreuzkümmel, dem Ei, Salz und Pfeffer vermischen. Beiseite stellen.

**Dreieckige Briuats:** Die Filoteigblätter so auf der Arbeitsfläche stapeln, dass sie mit der Breitseite nach vorne liegen. Mit einem scharfen Messer den Teigstapel in vier gleiche Streifen von etwa 10 cm Breite schneiden. Immer nur einen Streifen gleichzeitig verarbeiten, den restlichen Teig mit einem feuchten Tuch abdecken, damit er nicht brüchig wird. 1 EL Füllung etwa 2–3 cm vom unteren Rand entfernt auf den Streifen setzen. Die linke untere Teigecke so darüber schlagen, dass der untere Rand mit dem Seitenrand bündig abschließt. Entsprechend weiterfalten, bis eine dreieckige Teigtasche aus mehreren Teiglagen entsteht. Die Teigränder mit dem verquirlten Ei festkleben. Die ganze Füllung auf diese Weise verarbeiten.

**Briuat-Röllchen:** Den Teigstapel so auf die Arbeitsfläche legen, dass die Breitseite nach vorne zeigt. Mit einem scharfen Messer senkrecht durch alle Schichten schneiden, sodass vier gleiche Streifen von etwa 10 cm Breite entstehen. Immer nur einen Streifen gleichzeitig verarbeiten, den restlichen Teig mit einem feuchten Tuch abdecken. 1 EL Füllung unten auf den Streifen setzen. Die Längsseiten darüber schlagen, den Teig vorsichtig aufrollen. Den Rand mit dem verquirlten Ei bestreichen und festkleben. Auf diese Weise die ganze Füllung verarbeiten.

Die Briuats können nun frittiert oder eingefroren werden (siehe Tipp). Den Backofen auf 100 °C (Gasherd Stufe 1/2) vorheizen. In einen schweren, mittelgroßen Topf 5 cm hoch Öl gießen. Das Öl auf 160 °C erhitzen, bis ein Stück Filoteig darin sofort zu zischen beginnt. Die Briuats darin portionsweise etwa 6–8 Minuten ausbacken. Mit einem Schaumlöffel herausheben und auf Küchenpapier entfetten. Im Ofen warm halten, während die restlichen Briuats in kleinen Portionen frittiert werden. Mit Zitronenspalten garniert sofort servieren.

**Tipp:** Zum Einfrieren die unfrittierten Briuats in einer Schicht so auf ein Backblech legen, dass sie sich nicht berühren. Einfrieren, dann in luftdichte Behälter verpacken, die einzelnen Lagen durch Wachspapier oder Plastikfolie trennen. Die Briuats halten sich im Gefrierschrank bis zu 2 Monate. Vor dem Frittieren nicht auftauen.

# BRIUAT B'KEMROON
## Briuats mit Garnelen-Reisnudel-Füllung

*Im Verlauf des französischen Protektorats zwischen 1912 und 1956 wurde Marokko auch die Heimat zahlreicher Französisch sprechender Immigranten, die unter anderem aus Indochina kamen, einer der ehemaligen französischen Kolonien. Durch ihren Einfluss wurden chinesische Reisnudeln zum gängigen Produkt, das auf fast jedem größeren Markt zu haben ist. Es blieb nicht aus, dass sie in etliche marokkanische Rezepte übernommen wurden. So runden sie beispielsweise die Füllung für diese Briuats ab. Meine Freundin Ahlam Lemseffer serviert sie sogar auf vietnamesische Art, in frische Salatblätter und Koriander gewickelt.*

ERGIBT ETWA 24 BRIUATS

*FÜR DIE FÜLLUNG:*
*50 g chinesische Reisnudeln*
*2 EL natives Olivenöl extra*
*1 Zwiebel, fein gehackt*
*300 g mittelgroße Garnelen, geschält und vom Darm befreit*
*1 TL süßes Paprikapulver*
*3 EL gehacktes Koriandergrün*
*1/2 TL gemahlener Kreuzkümmel*
*2 TL Zitronensaft*
*3 EL gehackte glatte Petersilie*
*2 TL Salz*

*Frisch gemahlener schwarzer Pfeffer*
*6 Blätter Filoteig, frisch oder aufgetaut*
*1 Ei, leicht verquirlt*
*Pflanzenöl zum Frittieren*

**Füllung:** Die Reisnudeln in einer Schüssel mit heißem Wasser übergießen, 10–12 Minuten ziehen lassen. In einem Sieb gut abtropfen lassen. Fein hacken und zurück in die Schüssel geben.

Inzwischen das Olivenöl in einem großen Topf erhitzen. Die Zwiebel und die Garnelen unter ständigem Rühren 3–4 Minuten bei Mittelhitze anbraten, bis sich die Garnelen rosa färben. Vom Herd nehmen und abkühlen lassen. Die Garnelen grob hacken. Zu den Reisnudeln in die Schüssel geben, mit Paprikapulver, Koriandergrün, Kreuzkümmel, Zitronensaft, Petersilie, Salz und Pfeffer verrühren. Beiseite stellen.

**Dreieckige Briuats:** Die Teigblätter so auf der Arbeitsfläche stapeln, dass sie mit der Breitseite nach vorne liegen. Mit einem scharfen Messer den ganzen Stapel in vier gleiche Streifen von je etwa 10 cm Breite schneiden. Immer nur mit einem Teigstreifen arbeiten, den Rest des Teigs mit einem feuchten Tuch abdecken. 1 EL Füllung 2–3 cm vom unteren Rand entfernt auf den Teigstreifen setzen. Die linke Ecke so über die Füllung falten, dass der untere Teigrand bündig mit dem Seitenrand abschließt. Entsprechend weiterfalten, bis ein Dreieck aus mehreren Lagen Teig entstanden ist. Den Rand mit dem verquirlten Ei festkleben. Die gesamte Füllung auf diese Weise verarbeiten.

**Briuat-Röllchen:** Der Teigstapel liegt mit der Breitseite nach vorne. Den Teig mit einem scharfen Messer in vier gleiche Streifen von je etwa 10 cm Breite schneiden. Immer nur einen Streifen verarbeiten, den Rest des Teigs mit einem feuchten Tuch abdecken. 1 EL der Füllung unten auf den Streifen setzen. Die Längsseiten nach innen schlagen, den Teig aufrollen. Den Rand mit dem verquirlten Ei festkleben. Auf diese Weise die ganze Füllung verarbeiten.

Die Briuats können nun frittiert oder eingefroren werden (siehe Tipp, Seite 77). Zum Frittieren den Backofen auf 100 °C (Gasherd Stufe 1/2) vorheizen. In einen schweren, mittelgroßen Topf 5 cm hoch Öl gießen. Das Öl auf 160 °C erhitzen, bis ein Stück Filoteig darin sofort zu zischen beginnt. Die Briuats in 6–8 Minuten goldbraun frittieren. Mit einem Schaumlöffel herausheben und auf Küchenpapier entfetten. Im Ofen warm halten, bis sämtliche Briuats portionsweise ausgebacken sind. Sofort servieren.

# HOBZ BELBULA
## Gerstenbrot mit Kreuzkümmel

*Die Kunst des Brotbackens wird in den marokkanischen Haushalten immer noch gepflegt. Wie die jungen Mädchen im ganzen Land beobachtet Amal, die jüngste Tochter unserer Nachbarin, ihre Mutter Aïcha beim Mischen von Mehl, Salz, Hefe und Wasser in einer großen irdenen Schüssel namens „ga'saa".*

*Sind die dicken, runden Laibe fertig geknetet, ist es Amals Aufgabe, sie zum nächsten „ferrane" oder öffentlichen Backofen zu transportieren. Erst muss sie jedoch zur Kennzeichnung das Familiensymbol eindrücken. Dann macht sie sich in die Medina (Altstadt) auf, das Brotbrett mit der kostbaren Last vorsichtig auf dem Kopf balancierend. Wenn Amal die Brotlaibe wieder nach Hause trägt, sind sie warm und knusprig und duften nach köstlichen Gewürzen.*

*Dieses Gerstenbrot mit Kreuzkümmel ist eine von Aïchas Spezialitäten.*

ERGIBT 2 RUNDE LAIBE VON 20 CM
DURCHMESSER

*1 Päckchen Trockenhefe*
*1/2 TL Zucker*
*400 ml warmes Wasser (etwa 40 °C)*
*300 g Gerstenschrot (siehe Tipp)*
*350 g Weizenmehl*
*1 1/2 TL Salz*
*2 TL Kreuzkümmelsamen, geröstet (Seite 33) und grob gemahlen (siehe Tipp)*
*Pflanzenöl zum Bestreichen*

In einer kleinen Schüssel die Hefe und den Zucker behutsam in 60 ml warmem Wasser auflösen. Etwa 10 Minuten stehen lassen, bis die Mischung schäumt. 50 g Gerstenschrot beiseite stellen. In einer großen, flachen Schüssel den restlichen Schrot mit dem Mehl, Salz und Kreuzkümmel vermischen. In die Mitte eine Mulde drücken. Die Hefemischung und 1/8 l warmes Wasser hineingießen. Mit den Händen vermischen und langsam so viel Wasser zugießen, dass ein weicher Teig entsteht. Wenn er sich von der Schüssel löst, auf einem leicht bemehlten Brett 10–12 Minuten weiterkneten, bis er glatt ist, sich aber noch leicht klebrig anfühlt. Zu einer Kugel formen und 2–3 Minuten ruhen lassen. Dann noch 1 Minute kräftig durchkneten.

Den Teig halbieren, zu zwei Kugeln formen und mit etwas Öl bestreichen. Zwei Backbleche mit dem zurückbehaltenen Gerstenschrot bestreuen. Auf jedes Blech eine Teigkugel setzen und vorsichtig zu einer 15 cm großen Scheibe flach drücken. Mit einem sauberen Tuch bedecken und 1–1 1/2 Stunden bei etwa 25 °C zugfrei gehen lassen, bis sich das Teigvolumen verdoppelt hat.

Den Backofen auf 230 °C (Gasherd Stufe 5) vorheizen. Jedes Brot mit einem Zahnstocher drei- bis viermal anstechen. Auf der mittleren Schiene in 20–25 Minuten goldbraun backen.

**Tipp:** Gerstenschrot erhält man im Naturkosthandel. Wenn keine Gewürzmühle zur Verfügung steht, kann man die Kreuzkümmelsamen auch in eine Plastiktüte geben und mit dem Nudelholz zerdrücken.

# HBIZET BEL CARWIYA
## Vollkornbrötchen mit Kümmel

*Gelegentlich backe ich lieber Brötchen als einen großen Laib Brot. In diesem Rezept verwende ich Kümmel als Gewürz, den man – ganz nach Belieben – auch durch Anis ersetzen kann.*

ERGIBT 8 BRÖTCHEN VON 10 CM
DURCHMESSER

1 Päckchen Trockenhefe
1/2 TL Zucker
350 ml warmes Wasser (etwa 40 °C)
200 g Weizenvollkornmehl
350 g Weizenmehl
4 EL Kümmelsamen, geröstet (Seite 33) und
grob gemahlen (siehe Tipp)
2 TL Salz
4 EL Pflanzenöl
70 g Weizengrieß

In einem Schälchen die Hefe und den Zucker mit 60 ml warmem Wasser vorsichtig verrühren. Etwa 10 Minuten stehen lassen, bis die Mischung schäumt.

In einer großen, flachen Schüssel das Mehl mit 2 EL Kümmel und dem Salz vermischen. In die Mitte eine Mulde drücken. Die Hefemischung und 1/8 l warmes Wasser hineingießen. Mit den Händen kneten, dabei langsam weiteres Wasser zugießen, gerade so viel, dass ein weicher Teig entsteht. Wenn er sich von der Schüssel löst, auf einem leicht bemehlten Brett 10–12 Minuten weiterkneten, bis er glatt ist, sich aber noch leicht klebrig anfühlt. Den Teig zur Kugel formen und 2–3 Minuten ruhen lassen. Anschließend noch 1 Minute kräftig durchkneten.

Den Teig in acht gleiche Stücke teilen. Jedes zu einer Kugel formen, mit etwas Öl bestreichen und mit etwas Kümmel bestreuen. Zwei Backbleche leicht mit Grieß bestreuen. Auf jedes Blech vier Teigkugeln setzen und behutsam zu einer Scheibe mit 10 cm Durchmesser flach drücken. Mit einem sauberen Tuch bedecken. Etwa 1 Stunde bei 24 °C zugfrei gehen lassen, bis sich das Teigvolumen verdoppelt hat.

Den Backofen auf 230 °C (Gasherd Stufe 5) vorheizen. In jedes Brötchen mit einem Zahnstocher mehrmals einstechen. Die Brötchen auf der Mittelschiene in etwa 20 Minuten knusprig goldbraun backen, immer nur ein Blech auf einmal in den Ofen schieben.

**Tipp:** Die Kümmelsamen im Mörser grob zerstoßen, in der elektrischen Gewürzmühle grob mahlen oder in einer Plastiktüte mit dem Nudelholz zerdrücken.

L'HAM, DJEJ

L'HOOT, WA

L'HODRA

# Fleisch, Geflügel, Fisch und Gemüse

„Tagine" ist vielleicht das Gericht, das in Marokko am häufigsten auf den Tisch kommt. „Tagine" ist zugleich der Name für jenes einzigartige Tongefäß mit dem auffälligen, kegelförmigen Deckel, in dem das Schmorgericht zubereitet wird.

Dieses marokkanische Eintopfgericht existiert in buchstäblich Hunderten von Variationen. Eine beliebte süß-pikante Tagine kombiniert Lammfleisch mit getrockneten Pflaumen und Sesamsamen in einer mit Zimt und Ingwer gewürzten Sauce (Seite 87). Eine der berühmtesten Tagines, „D'djedj M'Kalli" (Seite 91), erhält ihr üppigpikantes Aroma durch Safran, Kurkuma und eingelegte Zitronen, ein Würzmittel, das nur die nordafrikanische Küche kennt. Eingelegte Zitronen finden sich auch oft in Fisch-Tagines, die meist mit *chermula* zubereitet werden, einer klassischen Marinade mit Kreuzkümmel, Paprikapulver, Knoblauch, Koriandergrün und Zitronensaft. Exotisch gewürzte Fleischbällchen, die in einer süßen Zwiebel-Rosinen-Sauce schmoren (Seite 93), gehören ebenfalls zu Marokkos ausgedehnter Tagine-Palette. Zu Tagines wird warmes, knuspriges Brot gereicht, mit dem man dann zarte Fleisch- und Gemüsestücke aus der gemeinsamen Schüssel herausfischt oder die sämige Sauce auftunkt.

Auch gegrilltes und gebratenes Fleisch spielt in der marokkanischen Küche eine wichtige Rolle.

Bei keinem Stammesfest oder *mussem* darf *meschwi* fehlen, das saftige, im Ganzen gegrillte Lamm. Genauso köstlich schmecken die würzigen, über Holzkohlenfeuer gegrillten Stücke Lammfleisch oder Rindfleisch und die saftigen, nach Kräutern duftenden Hackfleischbällchen namens *kefta,* die in winzigen, im Freien aufgeschlagenen Restaurants oder von den Straßenverkäufern in jedem marokkanischen Suk (Markt) in der Medina (Altstadt) feilgeboten werden. Mit Ausnahme von eingelegten Zitronen (Seite 36) und *smen* (Seite 38), die man leicht selbst zubereiten kann, sind die Zutaten der folgenden Rezepte in den meisten gut sortierten Supermärkten zu finden.

# TAGINE BIL KOK
## Lamm-Tagine mit getrockneten Pflaumen

*Das »Centre de Formation en Restauration Traditionelle«, eine von der Regierung geförderte Kochschule in Rabat, widmet sich der Pflege der traditionellen Kochkunst Marokkos. Die jungen Frauen, die dort ihre Ausbildung machen, arbeiten später in den marokkanischen Botschaften und Konsulaten auf der ganzen Welt. Dieses klassische Tagine-Rezept, das ich dem ehemaligen Direktor der Schule, Monsieur Tamer, verdanke, steht dort neben vielen anderen Genüssen auf dem Lehrplan.*

### FÜR 4 PERSONEN

*2 EL natives Olivenöl extra*
*1 TL gemahlenes Kurkuma*
*1 TL gemahlener Ingwer*
*1 kg Lammschlegel, entbeint, von Fett befreit und in 5 cm große Stücke geschnitten*
*2 große Zwiebeln*
*1/4 l Hühnerbrühe*
*8 Safranfäden, geröstet und zerdrückt (Seite 32)*
*15 Stengel Koriandergrün, mit Küchengarn zusammengebunden*
*200 g entsteinte Backpflaumen*
*2 EL Honig*
*1 TL gemahlener Zimt*
*1/2 TL frisch gemahlener schwarzer Pfeffer*
*Salz*

*1 EL ungeschälte Sesamsamen, geröstet (Seite 33)*
*Hobz Belbula (Seite 81) oder anderes knuspriges Brot als Beilage*

Das Olivenöl in einem Bräter oder einer emaillierten Kasserolle erhitzen. Das Kurkuma, den Ingwer und das Lammfleisch bei Mittelhitze 2–3 Minuten darin anbraten, bis das Fleisch leicht gebräunt und von den Gewürzen gut überzogen ist. Eine der Zwiebeln fein hacken. Mit der Brühe, dem Safran und dem Koriandergrün zum Fleisch geben. Die Hitze herunterschalten und das Fleisch 1–1 1/2 Stunden zugedeckt schmoren, bis es sich leicht mit der Gabel einstechen lässt. Das Koriandergrün entfernen.

Den Backofen auf 100 °C (Gasherd Stufe 1/2) vorheizen. Das Fleisch mit einem Schaumlöffel in eine ofenfeste Form heben und bis zum Servieren im Ofen warm stellen. Die Sauce in der Kasserolle weiterköcheln lassen.

Die restliche Zwiebel in dünne Scheiben schneiden. Mit den getrockneten Pflaumen, dem Honig, dem Zimt und dem Pfeffer in die Sauce geben. Mit Salz abschmecken. Etwa 6–8 Minuten köcheln lassen, bis die Sauce etwas eindickt.

Die Pflaumensauce über dem Fleisch verteilen, mit Sesamsamen bestreuen. Die Lamm-Tagine mit warmem Brot servieren.

# TAGINE B'GA'RAA SGHIRA WA MATISCHA MIEB'SA

## Lamm-Tagine mit Zucchini, Kartoffeln und sonnengetrockneten Tomaten

*Diese Tagine bringt das Sommergemüse der ländlichen Suks und städtischen Märkte zur köstlichen Entfaltung. Diesem Rezept habe ich mit sonnengetrockneten Tomaten, mit denen vor allem in Nordmarokko gewürzt wird, meine persönliche Note gegeben. Getrocknete Tomaten kann man in manchen Supermärkten oder in Feinkostläden mit Spezialitäten aus Mittelmeerländern kaufen, aber auch selbst herstellen (Seite 43).*

### FÜR 4 PERSONEN

*3 EL natives Olivenöl extra*
*2 Zwiebeln, fein gehackt*
*700 g Lammschulter, in 7 cm große Stücke geschnitten*
*1 TL gemahlenes Kurkuma*
*10 Safranfäden, geröstet und zerdrückt (Seite 32)*
*10 Stengel frisches Koriandergrün, mit Küchengarn zusammengebunden*
*20 Stengel glatte Petersilie, mit Küchengarn zusammengebunden*
*1/2 l Hühnerbrühe*
*500 g Babykarotten, gut abgebürstet*
*15 g sonnengetrocknete Tomaten, kurz eingeweicht und in 5 mm dünne Streifen geschnitten*
*3 Zucchini*
*3 Kartoffeln, geschält und geviertelt*
*Salz und frisch gemahlener schwarzer Pfeffer*

Den Backofen auf 180 °C (Gasherd Stufe 2–3) vorheizen. In einem Bräter oder einer emaillierten Kasserolle 2 EL Olivenöl erhitzen und die Zwiebeln darin in 4–5 Minuten unter gelegentlichem Wenden glasig braten. Das Fleisch, das Kurkuma und den Safran zufügen und 2–3 Minuten braten, bis das Fleisch von den Gewürzen gut überzogen ist. Das Koriandergrün, die Petersilie, die Brühe, die Karotten und die Hälfte der Tomaten zufügen. 1½–2 Stunden zugedeckt im Ofen schmoren, bis das Fleisch weich ist. Das Koriandergrün und die Petersilie entfernen. Das Fleisch und die Karotten mit dem Schaumlöffel in einen mittelgroßen Topf heben und warm stellen.

Zwei Zucchini schälen, in Scheiben schneiden und mit den Kartoffeln in die Sauce geben. Zugedeckt 30–35 Minuten im Ofen garen, bis die Kartoffeln weich sind. Die weichen Zucchini leicht zerdrücken und mit der Sauce vermischen. Salzen und pfeffern. Die Sauce beiseite stellen.

Inzwischen den dritten Zucchino in Streifen schneiden. In einer kleinen Pfanne das restliche Öl erhitzen und die Zucchinistreifen mit den restlichen Tomaten in 4–5 Minuten goldbraun braten. Beiseite stellen.

Das Fleisch und die Karotten kurz aufwärmen. Auf einer großen Platte anrichten und mit den Kartoffeln und der Zucchinisauce umgeben. Die angebratenen Zucchini- und Tomatenstreifen darüber verteilen und servieren.

# TREDA
## Huhn-Linsen-Tagine mit Bockshornklee

*Treda ist ein leckerer und preiswerter Eintopf, der über Brotwürfel mit dicker Kruste geschöpft serviert wird, der Inbegriff der Hausmannskost. Da Treda nicht als feines Gericht gilt, findet man es selten in Restaurants. Ich lernte es bei meiner sechzehnjährigen Nachbarin Rachida Mahmoun kennen, die schon vor einigen Jahren nach dem Tod ihrer Mutter die Küchenpflichten für die Familie übernahm. Ich schaute ihr immer gern zu, wie sie mit einem intuitiven Griff die richtigen Mengen an Kräutern und Gewürzen zusammenstellte, so wie ihre Mutter es sie gelehrt hatte, getreu dem marokkanischen Spruch: „eenek mi zaanek", deine Augen sind deine Waage. „Halba" oder Bockshornklee gibt diesem Gericht sein typisches, leicht bitteres Aroma. Zum Servieren nimmt man „Hobz Belbula" (Seite 81) vom Vortag oder anderes Brot mit einer schönen dicken Kruste.*

### FÜR 6 PERSONEN

2 EL natives Olivenöl extra
2 Zwiebeln, in Scheiben geschnitten
1 große Tomate, enthäutet und entkernt (Seite 33)
1 Hähnchen von etwa 1300 g, in Portionen zerteilt, oder 1100 g Hähnchenschenkel
2 TL schwarzer Pfeffer
1 TL gemahlenes Kurkuma
1 1/2 TL Salz
1,5 l Wasser
30 Stengel Koriandergrün, mit Küchengarn zusammengebunden
25 g Bockshornkleesamen
130 g Linsen, abgespült und abgetropft
300 g dickkrustiges Brot vom Vortag, gewürfelt und nach Wunsch knusprig getoastet
Frisch gemahlener schwarzer Pfeffer
Frisches Koriandergrün zum Garnieren

In einem Bräter oder einer emaillierten Kasserolle das Olivenöl erhitzen und die Zwiebeln, die Tomate und die Hähnchenstücke mit Pfeffer, Kurkuma und Salz 5–8 Minuten anbraten, bis die Zwiebeln glasig sind. Das Wasser, Koriandergrün und Bockshornklee zufügen und auf Mittelhitze herunterschalten. Zugedeckt 30–40 Minuten kochen, bis das Fleisch weich ist. Die Linsen zufügen und in weiteren 30–40 Minuten garen. Das Koriandergrün entfernen.

Die Brotwürfel in einer großen, flachen Servierschale verteilen. Mit dem Schaumlöffel die Hähnchenstücke aus dem Topf heben und gleichmäßig auf dem Brot verteilen. Darauf die Linsen geben. Etwas Brühe darüber schöpfen, sodass sich das Brot damit vollsaugt. Mit Pfeffer bestreuen und mit Koriandergrün garnieren. Sofort servieren, die restliche Brühe separat dazu reichen.

# D'DJEDJ M'KALLI B'L'HAMD MARKAD

## Hähnchen-Tagine mit eingelegten Zitronen und Artischockenherzen

*Ohne eingelegte Zitronen lässt sich der authentische Geschmack dieser ungewöhnlichen Tagine nicht erreichen. Marokkanische Köchinnen nehmen für dieses Gericht am liebsten frische kleine Artischocken, die zuvor gekocht, gestutzt und vom Heu befreit werden. In der richtigen Jahreszeit verwende ich gern frische Babyartischocken. Sie können durch Artischockenherzen aus der Dose ersetzt werden, die man 1 Minute in kochendem Wasser blanchiert und gut abtropfen lässt.*

**FÜR 4–6 PERSONEN**

*2 EL Butter*
*2 EL natives Olivenöl extra*
*2 TL süßes Paprikapulver*
*1/2 TL gemahlener Ingwer*
*1/2 TL schwarzer Pfeffer*
*1 Hähnchen von etwa 1300 g, in Stücke zerteilt*
*1 Zwiebel, fein gehackt*
*1/4 l Hühnerbrühe*
*8 Safranfäden, geröstet und zerdrückt (Seite 32)*
*10 Stengel Koriandergrün, mit Küchengarn zusammengebunden*
*20 Stengel glatte Petersilie, mit Küchengarn zusammengebunden*
*1 EL frisch gepresster Zitronensaft*
*1 EL Fruchtfleisch von eingelegten Zitronen (Seite 36)*
*12 Babyartischocken, von harten Außenblättern befreit, oder 6 mittelgroße Artischocken, gekocht, von Blättern und Heu befreit und geviertelt, oder 1 Dose*

*Artischockenherzen (350 g), abgetropft*
*Schale von 2 eingelegten Zitronen (Seite 36), in dünne Streifen geschnitten*
*Frisches Koriandergrün zum Garnieren*
*Hobz Belbula (Seite 81) oder Pitabrot zum Servieren*

Den Backofen auf 200 °C (Gasherd Stufe 3–4) vorheizen. In einem Bräter die Butter zerlassen. Das Olivenöl mit Paprikapulver, Ingwer, Pfeffer dazugeben und die Hähnchenstücke hineinlegen. 1–2 Minuten braten, bis das Fleisch von den Gewürzen gut überzogen ist. (Nicht zu lange braten, sonst werden die Gewürze bitter.) Die Zwiebel, die Brühe, den Safran, das Koriandergrün und die Petersilie zufügen. Den Bräter fest verschließen und das Gericht 50–55 Minuten im Ofen garen, bis das Fleisch weich ist.

Aus dem Ofen nehmen. Mit einem Schaumlöffel das Fleisch in eine ofenfeste Form heben, die Sauce bleibt im Topf. Die Petersilie und das Koriandergrün entfernen. Den Ofen auf 100 °C (Gasherd Stufe 1/2) herunterschalten und das Fleisch darin warm stellen. Die Sauce auf dem Herd zum Köcheln bringen. Den Zitronensaft, das Fruchtfleisch und die Artischocken zufügen. Vorsichtig 4–5 Minuten unter Rühren erhitzen. Die Zitronenschale behutsam unter die Sauce mischen.

Die Hähnchenstücke in der Mitte einer Servierplatte aufhäufen und mit den Artischocken umlegen. Die Sauce darüber schöpfen. Mit Koriandergrün garnieren und mit warmem Brot servieren.

# TEMRIKA MESLALLA
## Rindfleisch mit Knoblauch und grünen Oliven

*Temrika wird bei den sephardischen Juden am Abend vor dem Sabbath serviert. Meine Freundin Danielle Mamane aus Fes bereitet ihr Temrika mit ganzen Knoblauchknollen zu. Erschrecken Sie nicht! Knoblauch verliert viel von seiner durchdringenden Würze, wenn er gebacken wird. Streichen Sie die butterartig gewordene Knoblauchmasse einmal auf Brot – Sie könnten süchtig danach werden!*

FÜR 4 PERSONEN

*3 EL natives Olivenöl extra*
*750 g magerer Rinderhals*
*1 kg Tomaten, grob gehackt*
*1 EL gemahlener Kreuzkümmel*
*1/2 TL schwarzer Pfeffer*
*200 g entsteinte grüne Oliven, angedrückt oder leicht geklopft (Seite 31 und 42)*
*4 ganze Knoblauchknollen*
*1 EL frisch gepresster Zitronensaft*
*4 EL gehackte glatte Petersilie*
*Hobz Belbula (Seite 81) oder anderes Brot mit schöner Kruste zum Servieren*

Den Backofen auf 180 °C (Gasherd Stufe 2–3) vorheizen.

Das Rindfleisch in 5 cm große Stücke schneiden. In einem Bräter oder einer emaillierten Kasserolle das Olivenöl erhitzen und das Rindfleisch darin 3–4 Minuten unter Rühren leicht anbräunen. Die Tomaten, den Kreuzkümmel, den Pfeffer und die Oliven zufügen. Die Knoblauchknollen im Ganzen zwischen das Fleisch schieben.

Das Gericht zugedeckt 50–60 Minuten im Ofen garen, bis das Fleisch weich ist. Mit einem Schaumlöffel das Fleisch und den Knoblauch auf eine Servierplatte heben und warm halten.

Die Tomatensauce auf dem Herd erhitzen, den Zitronensaft einrühren. Unter Rühren köcheln lassen, bis die Sauce um ein Drittel reduziert ist. Die Tomatensauce über das Fleisch schöpfen. Die Temrika mit der Petersilie bestreuen und sofort mit warmem Brot servieren.

**Hinweis:** Schwarze Oliven werden im Allgemeinen für diese Tagine nicht verwendet.

# KEFTA MAHSCHIYA
## Gefüllte Fleischbällchen mit Trockenfrüchten in süßer Zwiebelsauce

*Für Naïma Bounaïm, eine überaus aktive Grundschulrektorin aus Casablanca, deren Vater Dar Zitoun vor vielen Jahren an meinen Vater verkaufte, besitzt der Tag einfach nicht genug Stunden. Trotzdem hat sie in ihrem hektischen Terminplan die Zeit gefunden, dieses köstliche Gericht für mich zuzubereiten. Manchmal ersetzt Naïma, wenn ihr gerade danach ist, die Rosinen durch Datteln, getrocknete Aprikosen oder Feigen. »Cette recette, c'est la recette de la créativité« – dieses Rezept ist ausgesprochen kreativ, meint meine Freundin dazu und bricht in ein ansteckendes Gelächter aus. Die Fleischbällchen schmecken auch in Tomatensauce gegart (wie im Rezept für Yapraa, Seite 96) überaus köstlich.*

FÜR 6 PERSONEN

*FÜR DIE SAUCE:*
2 EL Pflanzenöl
5 Zwiebeln (etwa 900 g), in dünne Scheiben geschnitten
1 Tomate, enthäutet, entkernt und grob gehackt (Seite 33)
1 TL Ras el Hanut (Gewürzmischung, Seite 41)
1 TL gemahlener Zimt
1 TL gemahlener Ingwer
10 Safranfäden, geröstet und zerdrückt (Seite 32)
5 ganze Nelken
1/4 l Wasser
Salz und frisch gemahlener schwarzer Pfeffer

200 g kernlose Rosinen, in warmem Wasser eingeweicht und abgetropft, oder 200 g gemischte Trockenfrüchte, gehackt
1 EL Honig

*FÜR DIE KEFTA:*
500 g sehr fein gehackte Rinderlende (zweimal durch den Fleischwolf gedreht)
1 kleine Zwiebel, gerieben
60 g Semmelbrösel
3 Eier
1 TL Ras el Hanut (Gewürzmischung, Seite 41)
2 TL Salz
Frisch gemahlener schwarzer Pfeffer

*FÜR DEN REIS:*
150 g weißer Langkornreis
Gemahlener Zimt zum Bestreuen
100 g ganze blanchierte Mandeln, geröstet (Seite 33)

**Sauce:** In einem Bräter oder einer emaillierten Kasserolle das Öl erhitzen und die Zwiebeln, die Tomate, das Ras el Hanut, den Zimt, den Ingwer, den Safran, die Gewürznelken und das Wasser zufügen. Unter gelegentlichem Rühren 10–15 Minuten köcheln lassen, bis die Sauce etwas eindickt. Die Nelken entfernen. Salzen und pfeffern. Die Rosinen oder Trockenfrüchte und den Honig unterrühren. Die Hitze herunterschalten, sodass die Sauce nur noch schwach köchelt.

**Kefta:** Das Hackfleisch mit der Zwiebel vermengen. In einer großen Schüssel das Fleisch mit den Semmelbröseln, einem leicht verquirlten Ei, Ras el Hanut, 1 TL Salz und Pfeffer mit den Händen gut verkneten. 10 Minuten ruhen lassen.

**Reis:** In einem mittelgroßen Topf $^1/_2$ l Wasser mit 1 TL Salz zum Kochen bringen. Den Reis langsam einrieseln lassen. Nicht umrühren. Die Hitze herunterschalten. Zugedeckt 15–18 Minuten leise köcheln lassen, bis der Reis weich ist. Vom Herd nehmen und zugedeckt beiseite stellen.

In einem kleinen Topf mit leise köchelndem Wasser die zwei restlichen Eier 8–10 Minuten kochen. Abgießen und zum Abkühlen 10–20 Minuten in eine Schüssel mit kaltem Wasser legen. Die Eier schälen und jedes längs in Sechstel schneiden. Beiseite stellen.

**Die Fleischbällchen füllen:** Je 2 EL Hackfleischmasse mit den Fingern in der linken Hand flach drücken, sodass ein dünner Kreis von 8 cm Durchmesser entsteht. Ein Eistück in die Mitte legen, mit Fleisch umhüllen, die Ränder glatt kneten. Auf einem Teller beiseite legen, bis alles Fleisch verbraucht ist.

Die mit Eiern gefüllten Fleischbällchen in die köchelnde Zwiebelsauce legen. Nicht umrühren. Zugedeckt 10–12 Minuten köcheln lassen, bis die Bällchen durchgegart sind.

Den gekochten Reis in eine kleine Schüssel drücken und in die Mitte einer großen runden Servierplatte stürzen. Auf den Reis Streifen von Zimt aufstreuen, die wie Speichen von der Mitte zum Rand verlaufen. Mit gerösteten Mandeln garnieren. Die Kefta rings um den Reis legen und die Zwiebelsauce darüber schöpfen. Sofort servieren.

# YAPRAA
## Kroketten aus Rindfleisch und Truthahnfleisch

*Danielle Mamane, die ihr ganzes Leben in Fes verbracht hat, verfügt über ein ausgedehntes Repertoire an sephardischen Familienrezepten. Diese ungewöhnlich würzigen, pikanten Kroketten werden am Vorabend des jüdischen Sabbath serviert. Manchmal bereitet Danielle kleinere Kroketten als Vorspeise zu.*

ERGIBT 22–24 STÜCK

*4 Zwiebeln, gehackt*
*3 Knoblauchzehen*
*12 Stengel glatte Petersilie*
*6 Stengel Koriandergrün*
*4 Eier*
*500 g fein gehackte Rinderlende, zweimal durch den Fleischwolf gedreht*
*500 g fein gehacktes Truthahnfleisch, zweimal durch den Fleischwolf gedreht*
*2 Stück Baguette von je 10 cm, in 1/8 l Wasser eingeweicht*
*1/2 TL gemahlener Ingwer*
*1/4 TL gemahlene Nelken*
*1 1/2 TL gemahlene Macisblüte*
*1/4 TL frisch geriebene Muskatnuss*
*Frisch gemahlener schwarzer Pfeffer*
*Salz*
*1 kg Tomaten, enthäutet, entkernt und grob gehackt (Seite 33)*
*2 EL Kapern, abgetropft*
*Öl zum Frittieren*
*175 g feiner Hartweizengrieß*

Im Mixer oder in der Küchenmaschine zwei Zwiebeln mit dem Knoblauch, der Petersilie, dem Koriandergrün und zwei Eiern pürieren. In einer großen Schüssel die Zwiebelmischung mit dem Fleisch, dem eingeweichten Brot, dem Ingwer, den Nelken, der Macisblüte, Muskat, 1 TL Pfeffer und 2 TL Salz mit den Händen gut verkneten. Kalt stellen.

Inzwischen die zwei restlichen Zwiebeln fein hacken. In einem großen schweren Topf die Zwiebeln und Tomaten bei Mittelhitze 20–25 Minuten köcheln lassen, bis eine etwas eingedickte Sauce entsteht. Die Kapern unterrühren, mit Salz und Pfeffer abschmecken. Warm stellen.

Die Hände befeuchten. Je 4 gestrichene EL der Fleischmasse zu 10 cm langen Kroketten rollen.

Den Backofen auf 100 °C (Gasherd Stufe 1/2) vorheizen. Einen großen Topf 4 cm hoch mit Öl füllen. Das Öl erhitzen, bis ein Stück eingetauchtes Fleisch sofort zu zischen beginnt. (Ist das Öl zu heiß, bräunen die Kroketten zwar außen schnell, bleiben aber innen noch roh.)

Den Grieß auf einen flachen Teller schütten. In einer Schüssel die beiden restlichen Eier verquirlen.

Die Kroketten erst in Ei, dann in Grieß wälzen. Portionsweise in 10–12 Minuten goldbraun frittieren, dabei mit einer Zange behutsam wenden. Auf Küchenpapier entfetten. In eine ofenfeste Form legen und im Ofen warm stellen.

Eine große Platte mit etwas Tomatensauce überziehen, die Kroketten darauf anrichten und sofort servieren. Die restliche Sauce getrennt dazu reichen.

# TAGINE M'DERBEL BERANIYA
## Hähnchen-Tagine mit Auberginen und getrockneten Tomaten

*Dies ist meine Version des exotischen Auberginengerichts, das nach Boran benannt wurde, der Tochter eines persischen Visiers, die im 9. Jahrhundert einen mächtigen Kalifen heiratete. Ihre Hochzeit galt im Mittelalter als „Inbegriff für verschwenderische Üppigkeit" – so der Historiker Charles Perry.*

### FÜR 6 PERSONEN

*5 EL natives Olivenöl extra*
*2 Zwiebeln, fein gehackt*
*2 TL gemahlener Ingwer*
*1 TL gemahlener Zimt*
*1 kg Hähnchen, in Portionsstücke zerteilt*
*¼ l Hühnerbrühe*
*8 Fäden Safran, geröstet und zerdrückt (Seite 32)*
*10 Stengel Koriandergrün, mit Küchengarn zusammengebunden*
*10 Stengel glatte Petersilie, mit Küchengarn zusammengebunden*
*2 Auberginen, geschält und in 5 mm dicke Scheiben geschnitten*
*15 g sonnengetrocknete Tomaten (Seite 43), in warmem Wasser eingeweicht, abgetropft und gewürfelt*
*Salz*
*Frisch gemahlener schwarzer Pfeffer*
*Hobz Belbula (Seite 81) oder anderes knuspriges Brot zum Servieren*

In einem Bräter 3 EL Olivenöl erhitzen. Die Zwiebeln mit dem Ingwer und Zimt darin in 2–3 Minuten glasig braten. Die Fleischstücke zufügen und in 5–6 Minuten goldbraun braten. Auf Mittelhitze herunterschalten, die Brühe, den Safran, das Koriandergrün und die Petersilie zufügen. Zugedeckt 45–50 Minuten köcheln lassen, bis das Fleisch weich ist und klarer Saft austritt.

Inzwischen die Auberginenscheiben auf ein sauberes Geschirrtuch legen. Auf beiden Seiten leicht einsalzen. 15–20 Minuten Saft ziehen lassen. Mit dem Geschirrtuch trockentupfen.

Den Grill vorheizen. Die Auberginenscheiben auf ein mit Alufolie ausgekleidetes Backblech legen und mit den restlichen 2 EL Olivenöl leicht einpinseln. 5–6 Minuten pro Seite unter den Grill schieben, bis sie leicht gebräunt sind. Beiseite stellen. Den Backofen auf 100 °C (Gasherd Stufe ½) herunterschalten.

Wenn das Fleisch weich ist, in eine ofenfeste Form legen und im Ofen warm stellen. Aus der Sauce die Petersilie und das Koriandergrün entfernen. Die Sauce auf dem Herd weiterköcheln lassen. Zehn Auberginenscheiben zum Garnieren zurückbehalten, die restlichen mit den Tomaten in die Sauce geben und zerdrücken. Mit Salz und Pfeffer abschmecken. Unter Rühren 4–5 Minuten köcheln lassen, bis die Sauce etwas eindickt.

Die Sauce auf einer großen Platte verteilen. Die Hähnchenstücke darauf anrichten und mit den Auberginenscheiben garnieren. Mit warmem Brot servieren.

# TAGINE M'HAMMAR
## Gefüllte Stubenküken mit Paprikasauce

*Für diese Tagine werden mit Couscous gefüllte Stuben-küken in „m'hammar", einer würzigen Paprikasauce geschmort. „Smen", die gereifte Butter mit ihrem durch-dringenden Aroma, verleiht dem Couscous seinen unver-wechselbaren Geschmack. Falls gewünscht, kann „smen" auch durch gleiche Mengen Butter und Olivenöl ersetzt werden, das besondere Aroma lässt sich allerdings nicht ersetzen.*

### FÜR 4 PERSONEN

1/2 l Hühnerbrühe
12 Safranfäden, geröstet und zerdrückt (Seite 32)
100 g Couscous
2 EL Pinienkerne, geröstet (Seite 33)
5 EL gehackte glatte Petersilie
2 TL Smen (Seite 38)
2 EL natives Olivenöl extra
2 TL süßes Paprikapulver
1/2 TL gemahlener Kreuzkümmel
2 Stubenküken, gewaschen und trockengetupft
Salz und frisch gemahlener schwarzer Pfeffer
2 Zwiebeln, fein gehackt
4 EL gehacktes Koriandergrün
4 EL Butter
Hobz Belbula (Seite 81) oder anderes knuspriges Brot zum Servieren

In einem mittelgroßen Topf 1/4 l Hühnerbrühe mit vier Safranfäden aufkochen, den Couscous unter Rüh-ren einrieseln lassen. Vom Herd nehmen und zugedeckt 5 Minuten quellen lassen. Mit 1 EL Pinienkernen, der Hälfte der gehackten Petersilie und dem *smen* verrüh-ren. Beiseite stellen.

In einer großen Schüssel das Olivenöl mit den rest-lichen acht Safranfäden, dem Paprikapulver und dem Kreuzkümmel verrühren.

Die Stubenküken mit dieser Mischung einreiben. Innen salzen und pfeffern, mit dem Couscous füllen. Die Stubenküken dicht nebeneinander in einen Bräter oder eine tiefe emaillierte Kasserolle setzen. An den Rändern die restliche Petersilie, die Zwiebeln und das Koriandergrün verteilen und die restliche Hühnerbrühe zufügen.

Nach Geschmack mit Salz und frisch gemahlenem Pfeffer bestreuen. Zugedeckt etwa 1 Stunde bei Mittel-hitze garen, bis das Fleisch weich ist und beim Anste-chen eines Schenkels klarer Saft austritt.

In einer großen Pfanne die Butter erhitzen. Die Stu-benküken darin unter vorsichtigem Wenden goldbraun braten. Die Sauce im Topf zum Köcheln bringen.

Die Stubenküken in der Mitte einer großen Platte anrichten. Die Sauce um den Rand verteilen, mit den restlichen Pinienkernen bestreuen. Sofort mit warmem Brot servieren.

# TAGINE B'BEID
## Eier-Tagine mit Oliven, Zwiebeln und Koriandergrün

*Diese Eier-Tagine habe ich zum ersten Mal vor vielen Jahren in einem kleinen Restaurant gegessen, das am Ufer des seichten Flusses Assif el Mellah liegt, gegenüber der malerischen alten Kasbah von Aït Ben Haddou. Der Blick auf die Kasbah war sensationell, die Tagine nicht weniger. Ich koche dieses Gericht gern, wenn ich Lust auf ein leichtes Abendessen habe. Auch serviere ich es gern in einer ausgehöhlten Brioche als Auftakt für ein Brunch.*

FÜR 4–6 PERSONEN

*3 Tomaten, enthäutet, entkernt und grob gehackt (Seite 33)*
*20 grüne Oliven, entsteint*
*2 EL natives Olivenöl extra*
*2 Zwiebeln, sehr fein gehackt*
*$^1/_2$ TL Zucker*
*2 Knoblauchzehen, gehackt*
*1 Lorbeerblatt*
*8 Eier*
*4 EL gehacktes Koriandergrün*
*2 TL gemahlener Kreuzkümmel*
*Salz und frisch gemahlener schwarzer Pfeffer*

*Frischer Koriander zum Garnieren*
*Hobz Belbula (Seite 81) oder anderes knuspriges Brot zum Servieren*

Die Tomaten in einem Sieb abtropfen lassen. Inzwischen die Oliven in einem kleinen Topf mit kochendem Wasser 1 Minute blanchieren. Abgießen und grob hacken. Beiseite stellen.

Das Olivenöl in einer mittelgroßen Pfanne erhitzen. Die Zwiebeln, Oliven und den Zucker 8–10 Minuten unter Rühren darin anbraten, bis die Zwiebeln leicht karamellisiert sind. Die Tomaten, den Knoblauch und das Lorbeerblatt unterrühren und leicht mit der Gabel zerdrücken.

Die Tomatenmischung bei schwacher Hitze 15–30 Minuten köcheln lassen, bis der größte Teil der Flüssigkeit verdampft ist. Das Lorbeerblatt entfernen.

In einer Schüssel die Eier mit dem Koriandergrün, dem Kreuzkümmel, Salz und Pfeffer verquirlen. In die köchelnde Tomatensauce gießen. Behutsam rühren, bis die Eier gestockt sind. In eine flache Servierschale füllen und mit Korianderstengeln garnieren. Sofort mit warmem Brot servieren.

# D'DJEDJ M'FOOWER
## Naïmas gedämpftes Huhn

*Heute achten immer mehr Marokkanerinnen darauf, nicht zuviel Fett zu sich zu nehmen, so auch meine Freundin, die Betriebswirtin Naïma Lakhal. Deshalb dämpft Naïma ihr Huhn lieber, anstatt es als traditionelles Taginegericht zuzubereiten. Sie füllt es mit frischen Kräutern, serviert es auf einem Bett von Gemüse, das die Jahreszeit gerade bietet, und reicht die Brühe separat dazu. Ich finde es praktischer, das Gericht bereits vor dem Servieren auf Teller zu verteilen. Ich freue mich, wenn Brühe für eine leckere Suppe übrig bleibt, zum Beispiel für eine Schorba mit Bohnen, wie auf Seite 49 beschrieben.*

### FÜR 6 PERSONEN

*2 Zitronen*
*1 TL Salz*
*1 TL gemahlener Ingwer*
*1 Poularde oder 1 Jungmasthahn von 1,8 kg*
*4 EL gehacktes Koriandergrün (die Stiele zurückbehalten)*
*10 EL gehackte glatte Petersilie (die Stiele zurückbehalten)*
*1 frische Chilischote, entkernt (nach Belieben)*
*3 Knoblauchzehen, gehackt*
*1/2 TL gemahlener Kreuzkümmel*
*3 TL süßes Paprikapulver*
*1 TL Salz*
*1/2 TL frisch gemahlener schwarzer Pfeffer*
*2 Lorbeerblätter*

*1 Zwiebel, mit 4 Gewürznelken gespickt*
*900 g kleine neue Kartoffeln, geschält*
*500 g Babykarotten, gebürstet*
*500 g grüne Bohnen*
*1 rote Paprikaschote, von den Samen und Scheidewänden befreit und gewürfelt*

Am Vortag oder einige Stunden zuvor die Zitronen mit einem Sparschäler schälen. Die Schale fein würfeln und beiseite stellen. Die Zitronen auspressen. In einem Schälchen den Zitronensaft mit Salz und Ingwer verrühren. Die Poularde damit außen und innen einreiben. Kalt stellen.

In einer Schüssel die Zitronenschale mit dem Koriandergrün, der Petersilie, der Chilischote (falls verwendet), dem Knoblauch, dem Kreuzkümmel und 2 TL Paprikapulver, Salz und Pfeffer vermischen. Die Poularde damit füllen. Mit dem restlichen Paprikapulver die Außenhaut der Poularde einreiben.

In einem großen Suppentopf, Dämpftopf oder dem Unterteil eines Couscoussier 2 Liter Wasser zum Kochen bringen. Die Lorbeerblätter, die mit Nelken gespickte Zwiebel und die zurückbehaltenen Kräuterstiele zufügen. Ein Sieb, einen großen Dämpfeinsatz oder das Oberteil des Couscoussier mit der Hälfte der Kartoffeln, Karotten, grünen Bohnen und Paprikaschoten auskleiden. Die Poularde darauf setzen und mit dem restlichen Gemüse umlegen. Das Sieb auf den Suppentopf setzen, den Dämpfeinsatz in den Dämpftopf stellen oder den Couscoussier zusammensetzen. Jeweils die beiden Teile mit einem feuchten Tuchstreifen abdichten, damit kein Dampf entweicht. Das Sieb, den Dämpfeinsatz oder das Oberteil des Couscoussier mit einem Deckel oder mit Alufolie fest verschließen.

Die Poularde $1^1/_2$–2 Stunden dämpfen, bis das Fleisch weich ist und klarer Saft austritt. Aus dem Dämpfwasser, aus dem sich inzwischen eine aromatische Brühe gebildet hat, Gewürze, Zwiebel und Kräuterstiele entfernen. Die Brühe mit Salz und Pfeffer abschmecken. Mit einem Löffel die Füllung aus der Poularde nehmen und in eine große Schüssel geben. Mit etwa 1 Liter Brühe verrühren. Beiseite stellen. Die Poularde tranchieren, das Fleisch beiseite stellen.

Das gedämpfte Gemüse auf sechs Teller verteilen. Je ein Stück Huhn darauf legen, eine Kelle Kräuterbrühe darüber schöpfen. Sofort servieren, die restliche Brühe separat dazu reichen.

Falls Brühe übrig bleibt, in einen großen Behälter abseihen. Kalt stellen, dann entfetten. Die Brühe für späteren Gebrauch einfrieren oder im Kühlschrank aufbewahren.

# TAGINE BIL HOOT
## Fisch-Tagine

*Den marokkanischen Köchinnen steht die ganze Vielfalt frischer Fische aus den reichen Fanggründen vor der Mittelmeer- und Atlantikküste zur Verfügung. Für dieses Gericht eignet sich jeder festfleischige Fisch, wie Goldmakrele, Roter Schnapper oder Wolfsbarsch. In Marokko legt man den Boden des Kochtopfs oft mit kleinen Bambusstäbchen aus, damit der Fisch nicht anhaftet. Ich verwende stattdessen Möhrenscheiben.*

FÜR 4 PERSONEN

*4 EL gehackte glatte Petersilie*
*2 EL gehacktes Koriandergrün*
*¹/₈ l natives Olivenöl extra*
*2 TL süßes Paprikapulver*
*8 Safranfäden, geröstet und zerdrückt (Seite 32)*
*1 TL gemahlener Ingwer*
*1 Zitrone*
*4 grätenfreie Fischfilets von je 150 g*
*4 Tomaten, enthäutet und entkernt*
*2 Knoblauchzehen, gehackt*
*1 TL gemahlener Kreuzkümmel*
*Salz und frisch gemahlener schwarzer Pfeffer*
*2 Möhren, geschält und schräg in Scheiben geschnitten*
*1 Zwiebel, in dünne Scheiben geschnitten*
*1 EL Fruchtfleisch von eingelegten Zitronen (Seite 36)*
*12 grüne oder schwarze Oliven, entsteint*
*Petersilie oder Koriandergrün zum Garnieren*

In einer großen Schüssel die Petersilie, das Koriandergrün, das Olivenöl, das Paprikapulver, den Safran, den Ingwer und den Saft einer halben Zitrone sorgfältig verrühren.

Die Fischfilets in dieser Marinade wenden und 1–2 Stunden kalt stellen, dabei ein- bis zweimal umdrehen. Die andere Zitronenhälfte in hauchdünne Scheiben schneiden.

Inzwischen die Tomaten grob hacken und mit dem Knoblauch und dem Kreuzkümmel in einem großen Topf bei Mittelhitze 8–10 Minuten köcheln lassen, dabei gelegentlich umrühren, bis die Sauce etwas eindickt. Salzen und pfeffern.

Einen Bräter oder eine emaillierte Kasserolle mit einer Schicht Möhren auskleiden. Die Möhren mit den Zwiebelscheiben belegen. Die Tomatensauce darüber verteilen. Zugedeckt bei Mittelhitze 15–20 Minuten köcheln lassen, bis die Möhren weich sind. Vom Herd nehmen.

Die Fischfilets auf das Gemüse legen, mit dem Fruchtfleisch der eingelegten Zitrone bestreichen und mit den Zitronenscheiben belegen. Mit der Marinade übergießen, mit den Oliven umlegen. Zugedeckt bei Mittelhitze 10–12 Minuten schmoren, bis sich der Fisch leicht zerpflücken lässt, aber noch nicht auseinander fällt. Ein wenig von der Sauce über den Fisch löffeln. Mit Petersilie oder Koriandergrün garnieren und in der Kasserolle sofort servieren.

# AMBASSL' DEL GAR'AA HAMRA

## Gebackener Kürbis mit karamellisierten Zwiebeln, Zimt und Mandeln

*Ich erinnere mich, wie ich als kleines Mädchen mit Maman Carmon, meiner Urgroßmutter mütterlicherseits, auf Casablancas belebtem Marché Central einkaufen ging. Wir erstanden unter anderem große Stücke frischer leuchtend orangefarbener Mittelmeerkürbisse, die hoch auf den Ständen aufgetürmt waren. Meine Urgroßmutter bereitete daraus häufig diese alte Familienspezialität zu, die sie „cassolita" nannte, ein Name, der auf die andalusischen Wurzeln des Gerichts verweist. Sie reichte es immer als Beilage zu Couscous. Diesen Brauch habe ich beibehalten, serviere es aber auch als Beilage zu unserem Erntedank-Truthahn! Besonders gerne nehme ich dafür Butternuss-, Eichel- oder Hubbardkürbis, doch kann ebenso gut ein Gartenkürbis verwendet werden.*

### FÜR 4 PERSONEN

*1 kg Kürbis*
*1/8 l Wasser*
*4 EL Pflanzenöl*
*3 Zwiebeln, in dünne Scheiben geschnitten*
*4 EL blättrig geschnittene Mandeln, geröstet (Seite 33)*
*100 g kernlose Rosinen, einige Minuten in warmem Wasser eingeweicht und abgetropft*
*4 EL Zucker*
*2 TL gemahlener Zimt*
*Salz und frisch gemahlener schwarzer Pfeffer*

Den Backofen auf 190 °C (Gasherd Stufe 3) vorheizen. Den Kürbis samt Schale in 5 cm große Stücke schneiden. In eine ofenfeste Form legen. Das Wasser zugießen, die Form dicht verschließen. 40–45 Minuten garen, bis der Kürbis weich ist. Abkühlen lassen. Den Kürbis schälen und beiseite stellen.

Das Öl in einer großen Pfanne erhitzen und die Zwiebeln in 5–6 Minuten bei Mittelhitze darin glasig braten. 3 EL von den Mandelblättchen, die Rosinen, den Zucker, den Zimt, Salz und Pfeffer zufügen. Unter häufigem Rühren 15–20 Minuten schmoren, bis die Zwiebeln karamellisiert sind.

Die Zwiebelmischung gleichmäßig auf den Kürbisstücken verteilen. Im Ofen noch einmal 10–15 Minuten erhitzen. Mit den restlichen Mandelblättchen bestreuen und sofort servieren.

# TANGIA MRAKSCHIYA
## Junggesellen-Schmortopf „Marrakesch"

*Früher galt Tangia als Arme-Leute-Essen, das besonders unter den unverheirateten Arbeitern beliebt war. Billige Fleischstücke wurden mit Zwiebeln und reichlich Ras el Hanut geschmort. Das Wort „tangia" bezeichnet auch das Schmorgefäß aus Ton, in dem das Gericht zubereitet wird. Die Junggesellen brachten es morgens vor der Arbeit, mit braunem Packpapier und Schnur versiegelt, zum öffentlichen Backofen und holten es sich auf dem Heimweg dampfend heiß wieder ab. Heute ist Tangia in der allgemeinen Achtung gestiegen und steht sogar auf den Speisekarten mancher exklusiver Restaurants.*

*Unser Freund und Nachbar Abderrahmane Rahoule, ein bekannter Künstler und Keramiker, dessen anmutige Skulpturen öffentliche Gebäude und Plätze in ganz Marokko schmücken, ist zwar kein Junggeselle, bereitet aber oft dieses Schmorgericht aus Marrakesch für seine Gäste zu, die er in sein Wochenenddomizil in der Medina (Altstadt) Azemmours einlädt. Ich verwende hier Rahoules persönliches Rezept für „Ras el Hanut", mit Ingwer, Pfeffer, Paprikapulver, Kurkuma und Muskat.*

### FÜR 6 PERSONEN

2 EL gemahlener Ingwer
1 TL schwarzer Pfeffer
1 TL süßes Paprikapulver
2 TL gemahlenes Kurkuma
2 TL frisch geriebener Muskat
1 TL gemahlener Kreuzkümmel
4 Knoblauchzehen, gehackt
2 TL Salz
$1/8$ l Pflanzenöl
$1 1/2$ kg Lammschulter, entfettet und in Stücke geschnitten
$1/4$ l Rindfleischbrühe
$1 1/2$ kg kleine gelbe Zwiebeln (etwa golfballgroß), geschält
Frische Minzeblätter zum Garnieren (nach Belieben)
Hobz Belbula (Seite 81) oder anderes knuspriges Brot zum Servieren

Den Backofen auf 180 °C (Gasherd Stufe 2–3) vorheizen. In einer mittelgroßen Schüssel den Ingwer, den Pfeffer, das Paprikapulver, das Kurkuma, den Muskat, den Kreuzkümmel, den Knoblauch, das Salz und das Öl verrühren. Die Lammfleischstücke mit dieser Marinade einreiben und beiseite stellen. Die Rindfleischbrühe in der Schüssel mit den Marinaderesten schwenken und ebenfalls beiseite stellen.

Einen Bräter oder eine emaillierte Kasserolle mit den Zwiebeln auslegen. Das Fleisch darauf verteilen, mit der Brühe übergießen. Den Topf erst mit Alufolie, dann mit einem Deckel verschließen, damit er wirklich dicht versiegelt ist. $2 1/2$–3 Stunden im Ofen garen, bis das Fleisch von den Knochen fällt. Das Fett abschöpfen. Das Schmorfleisch mit etwas Sauce auf flache Suppenteller verteilen. Mit Minzeblättern garnieren. Mit viel warmem Brot servieren.

# MRUZIYA
## Lamm mit Honig

*Mruziya ist die traditionelle Speise an Aid el Kebir, dem religiösen Fest zum Angedenken an Abrahams Opfer. Die Bezeichnung selbst geht auf Maurusia zurück, den Namen, mit dem die alten Griechen Nordwestafrika benannt haben. Die köstliche Würze des Gerichts, das nach exotischen Gewürzen duftet, beruht auf einem jahrhundertealten Rezept.*

*„Für Mruziya muss man sich Zeit lassen", sagte meine Nachbarin Naïma Lakhmar, als sie im Innenhof von Dar Zitun eines frühen Morgens die Kohlen im „canun" anzündete, dem kleinen Holzkohleofen. Das rhythmische Stampfen ihres schweren Messingmörsers hallte durch das Haus, als sie die Gewürze für „Ras el Hanut" kräftig zerrieb. Langsam ließ sie die betörend duftende Gewürzmischung in den schweren, schwarzen Topf auf dem „canun" rieseln, wo die anderen Zutaten schon köchelten. In den nächsten Stunden wehten exotische Aromen durchs Haus, wenn Naïma regelmäßig im Topf rührte, bis die Sauce das satte Braun dunklen Karamells angenommen hatte.*

### FÜR 6 PERSONEN

*1,8 kg Lammschulter, in große Stücke zerteilt*
*3 TL Gewürzmischung Ras el Hanut (Seite 41)*
*1/2–3/4 l Wasser*
*1/8 l Pflanzenöl*
*2 EL Smen (Seite 38)*
*8 EL Honig*
*150 g Rosinen*
*200 g ganze Mandeln, blanchiert und geröstet (Seite 33)*
*Hobz Belbula (Seite 81) oder anderes knuspriges Brot zum Servieren*

Den Backofen auf 160 °C (Gasherd Stufe 1–2) vorheizen. Das Fleisch gründlich mit der Gewürzmischung einreiben. In einen schweren gusseisernen Topf oder eine emaillierte Kasserolle mit schwerem Deckel legen. Das Wasser, das Öl, Smen und Honig zufügen. Fest verschließen. 3–4 Stunden schmoren, bis sich das Fleisch vom Knochen löst.

Das Fleisch mit einem Schaumlöffel in eine ofenfeste Form heben und warm stellen. Von der Sauce das Fett abschöpfen, die Rosinen zufügen. Die Sauce bei Mittelhitze 10–12 Minuten unter Rühren köcheln lassen, bis sie dickflüssig wie Sirup geworden ist. Das Fleisch wieder einlegen, gut in der Sauce wenden und noch einmal erhitzen.

Das Fleisch auf einer Platte anrichten, mit ein wenig Sauce beschöpfen und mit den gerösteten Mandeln garnieren. Die restliche Sauce separat reichen, dazu warmes Brot servieren.

# DAFINA
## Sephardischer Sabbath-Schmortopf

*Dafina kommt am Sabbath bei den sephardischen Juden Marokkos auf den Tisch. Dafina ist vom arabischen Wort „dfenn", vergraben, abgeleitet. Denn früher ließ jede Familie einen großen tönernen Schmortopf am Freitagmittag in der Glut des öffentlichen Ofens vergraben, aus dem er am folgenden Tag rechtzeitig zum Sabbath-Mittagessen wieder hervorgeholt wurde. Meine Urgroßmutter Maman Darmon war berühmt für ihr köstliches Dafina, das nach Ingwer, Macisblüte und Muskat duftete. Wenn ihre Gäste nach Herzenslust geschmaust hatten, bot sie jedem ein Gläschen selbstgebrauten „mahia" an, einen starken sephardischen Verdauungsschnaps, der aus Feigen, Datteln oder Rosinen destilliert wird.*

FÜR 6 PERSONEN

*100 g Kichererbsen, eingeweicht und abgetropft
(Seite 33)*
*1 1/2 kg Hals vom Rind, in 5 cm große Stücke
geschnitten*
*1 Rindermarkknochen*
*1 ganze Knolle Knoblauch, von der papierenen
Außenschale befreit*
*6 Zwiebeln*
*6 Kartoffeln, geschält und geviertelt*
*2 Süßkartoffeln, geschält und in 2–3 cm große Würfel
geschnitten*
*6 getrocknete Pflaumen, entsteint*
*6 getrocknete Aprikosenhälften*
*50 g Gerstengraupen*
*3/4 l Rindfleischbrühe*
*1/8 l Wasser*
*10 Safranfäden, geröstet und zerdrückt (Seite 32)*
*2 TL gemahlene Macisblüte*
*1/2 TL frisch gemahlener Muskat*
*1/2 TL gemahlener Zimt*
*Salz und frisch gemahlener schwarzer Pfeffer*
*3 Eier, gewaschen*

Den Backofen auf 160 °C (Gasherd Stufe 1–2) vorheizen. Die Kichererbsen, das Fleisch, den Knochen, den Knoblauch, die Zwiebeln, die Kartoffeln, die Süßkartoffeln, die Pflaumen, die Aprikosen, die Gerstengraupen und die Brühe in einen großen gusseisernen Topf oder eine emaillierte Kasserolle geben. In einem Schälchen das Wasser mit dem Safran, der Macisblüte, dem Muskat, dem Zimt, Salz und Pfeffer verrühren. Über das Fleisch gießen. Die rohen Eier mit Schale in den Topf legen.

Mit einem Deckel oder mit Alufolie verschließen und 2 1/2–3 Stunden im Ofen garen, bis das Fleisch weich ist. Die Hitze auf 200 °C (Gasherd Stufe 3–4) hochschalten und den Eintopf ohne Deckel in 25–30 Minuten an der Oberfläche bräunen. Die Eier herausnehmen und in einer Schüssel abkühlen lassen, dann schälen und halbieren. Das Eiweiß wird braune Flecken aufweisen (siehe Hinweis).

Das Fleisch in der Mitte einer großen Platte aufhäufen. Die übrigen Zutaten ringsherum anrichten. Mit den Eihälften garnieren und servieren.

**Hinweis:** Wenn sich das Eiweiß nicht verfärben soll, die Eier separat kochen. Sie brauchen 10–12 Minuten in leise köchelndem Wasser. Mit einem Schaumlöffel in eine Schüssel mit kaltem Wasser heben und 10–15 Minuten abkühlen lassen. Schälen und halbieren.

# MESCHWI
## Lammschlegel mit eingelegter Zitrone

*Unter Meschwi versteht man im herkömmlichen Sinn ein ganzes Lamm, das am Spieß über Kohlenglut gebraten oder in einem Lehm- oder Ziegelofen gegart wird. Es hat seinen festen Platz unter den zahlreichen Gängen des Banketts, das jedes Stammesfest oder „moussem" beschließt. Für dieses Rezept wird ein Lammschlegel dick mit einer Marinade aus eingelegten Zitronen, Knoblauch, Olivenöl und Kreuzkümmel bestrichen. Ich serviere Meschwi immer auf traditionell marokkanische Art und stelle kleine Tellerchen mit Salz und Kreuzkümmel auf den Tisch, in die das Fleisch gestippt wird. Bei einem Meschwi sollte das Lamm gut durchgegart sein.*

### FÜR 8 PERSONEN

*1 Lammschlegel von 1,8 kg, von Fett befreit*
*2 Knoblauchzehen, in dünne Scheibchen geschnitten*
*4 EL Fruchtfleisch von eingelegten Zitronen (Seite 36)*
*2 EL natives Olivenöl extra*
*1 TL gemahlener Kreuzkümmel*
*8 Selleriestangen, in 5 cm lange Stücke geschnitten*
*Frisch gemahlener schwarzer Pfeffer*
*Frische Minze, Kreuzkümmel und Salz zum Servieren*

Den Backofen auf 250 °C (Gasherd Stufe 6) vorheizen. Mit der Spitze eines scharfen Messers kleine Einschnitte in den Lammschlegel machen. Mit den Knoblauchscheibchen spicken.

In einem Schälchen das Zitronenfruchtfleisch mit dem Olivenöl und Kreuzkümmel verrühren. Die Paste mit den Fingern auf den Lammschlegel streichen. Den Boden einer großen ofenfesten Form mit dem Sellerie vollständig belegen. Den Lammschlegel darauf setzen. Pfeffer darüber mahlen.

Ein Fleischthermometer so in den Lammschlegel stecken, dass es weder mit Knochen noch mit Fett in Berührung kommt. Auf der mittleren Schiene 12–15 Minuten anbraten, bis sich eine Kruste bildet. Die Hitze auf 180 °C (Gasherd Stufe 2–3) herunterschalten und den Lammschlegel $1^{1}/_{2}$–$1^{3}/_{4}$ Stunden weitergaren, bis das Fleischthermometer 75–80 °C anzeigt.

Den Lammschlegel aus dem Ofen nehmen und vor dem Tranchieren 10–15 Minuten ruhen lassen. Die Fleischscheiben auf einem Bett von Minzeblättern anrichten. Mit dem geschmorten Sellerie umlegen. Den Bratensaft separat reichen. Kleine Teller mit Salz und Kreuzkümmel zum Stippen auf dem Tisch verteilen.

# AL KOTBAN MRAKSCHIYA
## Schischkebab „Marrakesch"

*Schischkebab oder Fleischspießchen gehören zu Marokkos beliebtesten „Fast Foods". Sie werden im ganzen Land im Freien gegart und gegessen, in Kleinstadt-Souks ebenso wie auf dem Djemaa el-Fna, dem berühmten Platz im Herzen von Marrakesch. Bei Einbruch der Dämmerung nimmt dieser Platz die surrealistischen Züge Fellinischer Filmschauplätze an: Dichte Kreise von Zuschauern bilden sich um Schlangenbeschwörer, Feuerschlucker, Akrobaten und Weissager, während die Synkopen der Derbouka-Trommeln den Lärm der Menge übertönen. Der rauchige Duft frisch gegrillten Fleisches zieht über den Platz. Die Anbieter kommen der Nachfrage kaum nach; sie verkaufen würzige Rindfleisch- und Lammspießchen, die sie in aufgeschnittene warme Fladenbrote stecken. Eine Prise Kreuzkümmel, etwas frische Tomatensauce, ein Löffelchen Harissa, und voilà! Schon bei dem Gedanken daran läuft mir das Wasser im Mund zusammen! Auf dieselbe Weise lassen sich Hähnchenfleisch, Rindfleisch oder Fisch zubereiten.*

### FÜR 6 PERSONEN

1 1/2 kg Lammschlegel ohne Knochen
2 EL gehacktes Koriandergrün
1 EL gehackte glatte Petersilie
1/2 Zwiebel, gerieben
1 EL süßes Paprikapulver
2 Knoblauchzehen, gehackt
1 TL gemahlener Kreuzkümmel
4 EL frisch gepresster Zitronensaft
1 TL schwarzer Pfeffer
4 EL natives Olivenöl extra
Frische Minz- oder Salatblätter zum Garnieren

ZUM SERVIEREN:
Frische Tomatensauce (Rezept folgt auf Seite 112)
Hobz Belbula (Seite 81) oder warmes Pitabrot
Gemahlener Kreuzkümmel
Salz
Harissa (Seite 39)

Das Lammfleisch vom Fett befreien und in 2 cm große Würfel schneiden. In einer großen Schüssel mit dem Koriander, der Petersilie, der Zwiebel, dem Paprikapulver, dem Knoblauch, dem Kreuzkümmel, dem Zitronensaft und dem Pfeffer vermischen. Mit dem Olivenöl beträufeln. Zugedeckt mindestens 2 Stunden oder über Nacht kalt stellen.

Im Holzkohlengrill ein Feuer entfachen oder im Ofen den Grill vorheizen. Je etwa 8–10 Fleischstücke auf Metallspieße stecken. Bei Mittelhitze unter gelegentlichem Wenden 6–8 Minuten grillen. Das Fleisch sollte innen noch rosa sein. Eine Platte mit Minze- oder Salatblättern belegen, die Spieße darauf anrichten. Mit Tomatensauce, reichlich warmem Brot und kleinen Tellern mit Kreuzkümmel, Salz und Harissa zum Stippen servieren.

# Schlada Matischa Wa Nahna
## Frische Tomatensauce

Auf dem Djemaa el-Fna, dem turbulenten Platz im Zentrum von Marrakesch, bekommt man zu gegrillten Fleischspießchen (Rezept siehe Seite 111) in der Regel diese Sauce.

Marokkanische Köchinnen servieren diese aromatische rohe Tomatensauce, die sich sehr schnell und einfach zubereiten lässt, gerne zu gegrilltem oder gebratenem, safrangewürztem Fisch. Auch als Beilage zu kaltem pochiertem Fisch ist sie sehr beliebt.

Das Aroma dieser Sauce hängt von der Qualität der Tomaten ab. Sie sollten sonnengereift und frisch sein.

ERGIBT 1/4 LITER

2 große reife Tomaten, enthäutet, entkernt und grob gehackt (Seite 33)
2 Frühlingszwiebeln samt grünen Spitzen, fein gehackt
4 frische Minzeblätter, fein gehackt
1/4 TL Zucker
Salz und frisch gemahlener schwarzer Pfeffer

Sämtliche Zutaten in einer Schüssel verrühren. Die Sauce zu Schischkebab und nach Wunsch auch zu anderen Fleisch- und Fischgerichten reichen.

# K'SEKSOO

# Couscous

Couscous nimmt in der Esskultur der Marokkaner denselben Raum ein wie in der italienischen Küche die Pasta und in der chinesischen der Reis. Als Couscous bezeichnet man kleine Körnchen aus Hartweizengrieß, aber auch das fertige Gericht mit diesen Körnchen als Hauptzutat. Mit der dampfenden Schale Couscous steht und fällt die marokkanische Abendmahlzeit.

Die Herkunft von Couscous (auf Arabisch *k'seksoo*) ist ungewiss. Professorin Naïma Lakhal, eine Couscous-Expertin, die die Bedeutung dieses Grundnahrungsmittels im marokkanischen Wirtschaftsleben untersucht hat, vertritt die Ansicht, die Methode zur Herstellung von Couscous sei von den nordafrikanischen Berberstämmen entwickelt worden. Andere Historiker schreiben dieses Verdienst den Mauren zu, die im Mittelalter Spanien – Al Andalus – besetzt hielten, gibt doch bereits im 13. Jahrhundert der aus Andalusien stammende Autor Ibn Razin Al-Tudjibi-Al-Andalusi in seinem Kochbuch Hinweise auf die Zubereitung von Couscous.

*Jedes Körnchen Couscous steht für eine gute Tat.*
Marokkanisches Sprichwort

Wie dem auch sei, heute spielt Couscous im marokkanischen Alltagsleben eine zentrale Rolle, nicht nur, weil er ein vielseitiges, gesundes und preiswertes Nahrungsmittel ist, sondern auch aus religiösen und symbolischen Gründen. Die Marokkaner glauben, diese Speise bringe Gottes Segen über jeden, der sie verzehrt. Deshalb ist die Zubereitung von Couscous an Feiertagen, vor allem am Freitag, dem moslemischen Ruhetag, ein absolutes Muss. Pilger, die von ihrer Mekka-Wallfahrt zurückkehren, werden festlich mit einem Couscousgericht bewirtet, das mit hart gekochten Eiern garniert ist, einem Symbol der Erneuerung. Beim Achoura-Fest am Todestag des Enkels des Propheten verstecken abergläubische Ehefrauen *qaddid* (eingelegten Lämmerschwanz) im Couscousberg, um sich damit die Treue ihres Gatten zu sichern. Viele Marokkanerinnen bereiten immer noch ihren

eigenen Couscous von Hand zu. Sie kaufen sackweise Weizen, den sie beim Müller zu Grieß mahlen lassen. Davon streuen sie einige Hand voll in große, flache Tonschalen namens *ga'saa*. Während sie langsam kleine Mengen Mehl und Salzwasser zugießen, rollen sie die Mischung mit den Händen in einer anmutig kreisenden Bewegung, wobei sich winzige Körnchen bilden, die vor dem Aufbewahren an der Sonne getrocknet werden.

Traditionell wird Couscous wie folgt zubereitet: Die getrockneten Körnchen werden wieder in die *ga'saa* gelegt und mit reichlich Wasser besprengt. Diese Mischung wird dann in ein metallenes *keskes* (Sieb) gefüllt und auf einen passenden *q'draa* (großen Topf) gesetzt, der entweder Wasser oder ein Schmorgericht mit Gemüse, Fleisch oder Fisch enthält. (Der Topf mit dem passenden Siebeinsatz heißt auf Französisch *couscoussier*.) Die Nahtstelle zwischen Sieb und Topf wird mit einem in Mehlwasser getauchten Stoffstreifen abgedichtet, dann wird der Couscous ohne Deckel gedämpft, bis durch die Körnchen Dampfwolken entweichen. Der warme Couscous wandert zurück in die *ga'saa*, wird nochmals mit etwas Wasser vermengt und im Sieb weiter gedämpft, bis die Körnchen aufquellen und weich werden. Den so gegarten Couscous verfeinert man schließlich mit Butter, Olivenöl oder *smen* (gereifte Butter, Seite 38) und feuchtet ihn mit Brühe aus dem Schmorgericht an. Zum Servieren wird er auf eine große Platte gehäuft und dekorativ mit Gemüse, Fleisch oder Fisch aus dem *q'draa* garniert.

Es ist Brauch, sich den Couscous von einer großen Gemeinschaftsplatte zu nehmen. Die Marokkaner drücken dann mit dem Daumen, dem Zeigefinger und dem Mittelfinger der rechten Hand einen Bissen Fleisch oder Gemüse in etwas Couscous und formen daraus ein Bällchen, das sie mit einem flinken Daumenschwung geschickt in den Mund befördern. Unkundige Gäste ziehen es jedoch meist vor, sich dem dampfenden Couscous-Berg mit einem Suppenlöffel zu nähern.

# K'SEKSOO BEIDAWI
## Couscous aus Casablanca

*In Casablanca, der größten Stadt und dem wirtschaftlichen Zentrum Marokkos, kommen die Familien am Freitag zusammen und genießen miteinander diese regionale Spezialität, die, wie es der Brauch verlangt, mindestens sieben verschiedene Gemüsesorten und neben Huhn auch Lamm oder Rindfleisch enthält. Viele dieser Gemüsesorten werden auf den Feldern der fruchtbaren Chaouïa-Ebene vor den Toren Dar-el-Beïdas angebaut, wie Casablanca auf Arabisch heißt.*

### FÜR 6–8 PERSONEN

2 EL natives Olivenöl extra

4 Zwiebeln, in dünne Scheiben geschnitten

500 g Rinderhals oder Lammschulter, in 5 cm große Würfel geschnitten

1 Poularde von etwa 1400 g, in Portionsstücke zerteilt

1 große Dose ganze Tomaten (450 g)

30 Stengel glatte Petersilie, mit Küchengarn zusammengebunden

15 Stengel Koriandergrün, mit Küchengarn zusammengebunden

2 l Wasser

14 Safranfäden, geröstet und zerdrückt (Seite 32)

1 TL gemahlenes Kurkuma

2 TL gemahlener Ingwer

4 Möhren, geschält, längs geviertelt und in Stifte geschnitten

4 weiße Rübchen, geschält und geviertelt

100 g getrocknete Kichererbsen, eingeweicht und abgetropft (Seite 33)

4 Selleriestangen, in 7 cm lange Stücke geschnitten

500 g Kürbis, geschält und in 5 cm große Würfel geschnitten

4 Zucchini, längs geviertelt

Salz und frisch gemahlener schwarzer Pfeffer

1/2 l Hühnerbrühe

2 EL Butter

400 g Couscous

2 TL Smen (Seite 38), nach Belieben

50 g Rosinen, 10 Minuten in warmem Wasser eingeweicht und abgetropft

2 EL Harissa (Seite 39), nach Belieben

Das Öl in einem großen Suppentopf erhitzen und die Zwiebeln in 4–5 Minuten bei Mittelhitze glasig sautieren. Das Rindfleisch oder Lamm und die Hühnerstücke zufügen und 5–6 Minuten unter gelegentlichem Rühren anbräunen. Die Tomaten, die Petersilie, das Koriandergrün und das Wasser zufügen, aufkochen lassen. Zugedeckt 6–8 Minuten kochen lassen. Die Hitze auf mittlere Einstellung zurückschalten. Zehn Safranfäden, das Kurkuma, den Ingwer, die Möhren, die Rübchen, die Kichererbsen und den Sellerie zufügen. Zugedeckt 40–45 Minuten kochen, bis das Rind- oder Lammfleisch und das Huhn weich sind.

Den Backofen auf 100 °C (Gasherd Stufe 1/2) vorheizen. Die Möhren, die Rübchen, die Fleischstücke und das Huhn mit einem Schaumlöffel in eine ofenfeste Form heben. Zugedeckt im Ofen warm stellen.

Den Kürbis und die Zucchini in die Brühe geben, salzen und pfeffern. Zugedeckt 15–20 Minuten kochen, bis der Kürbis weich ist. Den Kürbis und die Zucchini mit dem Schaumlöffel zu dem Gemüse im Ofen geben. Die Petersilie und den Koriander entfernen. Die Gemüse-Fleisch-Brühe bis zum Servieren weiter köcheln lassen.

Die Hühnerbrühe mit der Butter und dem restlichen Safran in einem mittelgroßen Topf aufkochen. Nach und nach den Couscous einrühren, vom Herd nehmen. Zugedeckt 5 Minuten quellen lassen. In eine große Schüssel füllen. 4 EL der Gemüse-Fleisch-Brühe und, falls gewünscht, Smen mit der Gabel unterziehen, den Couscous dabei auflockern.

Den Couscous auf eine große Platte häufen. Mit dem gekochten Gemüse garnieren, mit dem Fleisch umlegen und mit den Rosinen bestreuen. Falls gewünscht, in einem Schälchen einen Viertelliter der Gemüse-Fleisch-Brühe mit Harissa verrühren und neben der restlichen Brühe separat reichen.

**Hinweis:** 1 Portion Couscous von 750 ml, ausreichend für 3–4 Personen, bereitet man auf traditionelle Weise zu wie folgt: Im unteren Teil eines *couscoussier* oder eines großen Topfs, in den ein Sieb möglichst genau hineinpasst, reichlich Wasser oder Brühe sprudelnd aufkochen. In einer großen Schüssel 200 g (250 ml) Couscous mit 200 ml Wasser verrühren. 5–10 Minuten quellen lassen, bis das Wasser aufgesogen ist. Die Körnchen mit der Hand voneinander lösen und in das Sieb schütten. Ohne Deckel 10–12 Minuten dämpfen, bis der Dampf sichtbar entweicht. Den gedämpften Couscous in eine große Schüssel geben. Mit der Gabel 4 EL Wasser oder Brühe unterziehen, dabei alle Klümpchen zerdrücken. In das Sieb zurückgeben und weitere 5–6 Minuten dämpfen.

Den Couscous wieder in die Schüssel umfüllen, mit 1 EL Olivenöl, Butter oder Smen (Seite 38) verrühren. Auf eine Platte häufen und – entsprechend dem jeweiligen Rezept – mit Gemüse, Fleisch, Fisch oder Meeresfrüchten garnieren. Dazu Brühe reichen.

# K'SEKSOO BELBULA
## Gersten-Couscous mit Lamm und Rübchen

*Bei den marokkanischen Berbern, von denen viele im Süden, der Gerstenanbauregion des Landes, leben, ist Gersten-Couscous sehr beliebt. Besonders schmecken mir darin kleine junge Rübchen, die ich im zeitigen Frühjahr auf meinem Bauernmarkt ganz in der Nähe hole. In der nach Safran duftenden Brühe entfalten sie ein überraschend mildes Aroma. Die Brühe lässt sich statt mit Lamm auch mit Rindfleisch oder Huhn zubereiten. Gerstenschrot erhält man in Naturkostläden.*

### FÜR 8 PERSONEN

2 EL natives Olivenöl extra

2 Zwiebeln, geviertelt

1 kg Lammkarree oder Lammschulter, in Stücke geschnitten

8 Tomaten (etwa 1 kg), enthäutet und grob gehackt (Seite 33)

2 l Wasser

20 Stengel Koriandergrün, mit Küchengarn zusammengebunden

10 Stengel glatte Petersilie, mit Küchengarn zusammengebunden

8 kleine weiße Rübchen, halbiert

10 kleine Möhren, geschält

2 TL gemahlenes Kurkuma

10 Safranfäden, geröstet und zerdrückt (Seite 32)

1 TL frisch gemahlener schwarzer Pfeffer

2 rote Paprikaschoten, von Samen und Scheidewänden befreit und in Streifen geschnitten

2¹/₂ TL Salz

¹/₂ l Hühnerbrühe

2 EL Butter

400 g Gerstenschrot

2 TL Smen (Seite 38)

Das Öl in einem Bräter oder großen Suppentopf erhitzen und die Zwiebeln darin in 5–6 Minuten bei Mittelhitze anbraten, bis sie glasig sind. Das Lammfleisch zufügen und in 4–5 Minuten anbräunen. Die Tomaten, das Wasser, das Koriandergrün, die Petersilie, die Rübchen, die Möhren, das Kurkuma und den Safran zugeben.

Die Hitze reduzieren und bei schwacher Mittelhitze 40–45 Minuten köcheln lassen, bis das Fleisch weich ist. Mit dem Pfeffer bestreuen.

Den Backofen auf 100 °C vorheizen. Das Gemüse mit dem Schaumlöffel in eine ofenfeste Form heben. Zugedeckt warm stellen. Das Fleisch in der Brühe weiter köcheln lassen. Die Paprikastreifen zufügen und in 5–6 Minuten garen. Den Koriander und die Petersilie entfernen. Salzen.

Die Hühnerbrühe mit der Butter in einem großen Topf zum Kochen bringen. Nach und nach den Gerstenschrot einrühren, vom Herd nehmen. Zugedeckt 5 Minuten quellen lassen, in eine große Schüssel umfüllen. 4 EL von der Gemüse-Fleisch-Brühe zufügen und den Couscous mit der Gabel auflockern, dabei alle Klümpchen zerdrücken. Das Smen einrühren.

Einen Ring von Gersten-Couscous auf einer großen Platte aufhäufen. Das Gemüse und Fleisch in der Mitte anrichten. Die restliche Brühe separat dazu reichen.

# K'SEKSOO BIL HOOT OUALIDI
## Fisch-Couscous aus Oualidia

*Oualidia, eine malerische Lagune an der marokkanischen Atlantikküste, ist berühmt für ihre Fischspezialitäten, zugleich auch der Stolz des Feinschmeckerrestaurants »L'Hippocampe«. Jeden Freitagabend bereitet Chefkoch Brahim Mahdi dieses köstliche Fisch-Couscous für seine Gäste zu. Am besten eignet sich dafür milder, festfleischiger Fisch wie Wolfsbarsch, Goldmakrele oder Roter Schnapper.*

FÜR 8 PERSONEN

*2 EL Butter*
*400 g Couscous*
*4 EL natives Olivenöl extra*
*1 EL süßes Paprikapulver*
*2 TL gemahlener Kreuzkümmel*
*2 TL gemahlenes Kurkuma*
*1 TL frisch gemahlener schwarzer Pfeffer*
*2 l Wasser oder Fischsud (Rezept folgt auf Seite 123)*
*30 Stengel glatte Petersilie, zusammengebunden*
*20 Stengel Koriandergrün, zusammengebunden*
*6 Tomaten (etwa 750 g), enthäutet und geviertelt*
*4 Möhren, geschält, geviertelt und in 8 cm lange Stifte geschnitten*
*2 weiße Rüben, geschält und in Stücke geschnitten*
*6 Zucchini, geviertelt und in 8 cm lange Stifte geschnitten*
*2 rote Paprikaschoten, von Samen und Scheidewänden befreit und längs geviertelt*
*1 kg grätenfreie Fischfilets*
*2 Knoblauchzehen, in Scheiben geschnitten*
*500 g frische Muscheln, gebürstet und geputzt*
*500 g mittelgroße Garnelen, geschält und vom Darm befreit*
*Harissa (Seite 39) zum Servieren*

Den Backofen auf 100 °C (Gasherd Stufe 1/2) vorheizen. Die Butter mit 1/2 Liter Wasser in einem mittelgroßen Topf zum Kochen bringen. Den Couscous langsam einrühren, vom Herd nehmen. Zugedeckt 5 Minuten quellen lassen. In eine ofenfeste Form umfüllen. Zugedeckt im Ofen warm stellen.

2 EL Olivenöl in einem großen Suppentopf erhitzen und das Paprikapulver, den Kreuzkümmel, das Kurkuma und den Pfeffer darin 1–2 Minuten unter Rühren anrösten, bis sich ihr Aroma entfaltet. Das Wasser oder den Sud, die Petersilie, den Koriander, die Tomaten, die Möhren und die Rüben zufügen. Zugedeckt zum Kochen bringen. 12–15 Minuten köcheln lassen, bis die Möhren fast weich sind. Die Zucchini und die Paprikaschoten zufügen und in 8–10 Minuten garen. Das Gemüse mit einem Schaumlöffel in eine ofenfeste Form heben. Zugedeckt im Ofen warm stellen. Die Brühe auf dem Herd weiter köcheln lassen.

Die Fischfilets in 8 cm große Stücke teilen. Das restliche Olivenöl in einer mittelgroßen Pfanne erhitzen und den Knoblauch darin in 2–3 Minuten goldbraun braten. Den Knoblauch entfernen. Den Fisch 1–2 Minuten auf jeder Seite leicht anbräunen, dann mit den Muscheln und den Garnelen in die Brühe geben. 8–10 Minuten köcheln lassen, bis der Fisch zu zerfallen beginnt (nicht zu lange garen). Alle Muscheln, die sich nicht öffnen, entfernen.

Den Couscous in die Mitte einer großen Platte häufen. Die Möhren, Rüben und Zucchini wie die Speichen eines Rads darauf anrichten. Mit dem Fisch, den Meeresfrüchten und den Paprikaschoten umlegen. Etwas heiße Brühe über das Couscous-Gericht schöpfen. Sofort servieren, dazu Harissa und die restliche Brühe reichen.

# MARQA DEL HOOT
## Fischsud

ERGIBT 2 LITER

*5–6 Fischköpfe (vom Fischhändler)*
*2 l Wasser*
*2 Lorbeerblätter*
*1 Zwiebel, mit 4 Nelken gespickt*
*8 schwarze Pfefferkörner*
*1/4 l trockener Weißwein*
*30 Stengel glatte Petersilie, mit Küchengarn*
*zusammengebunden*
*8 Selleriestangen mit Blättern oder Fenchel-*
*stangen mit Grün*
*Salz*

Die Fischköpfe zusammen mit dem Wasser in einen großen Suppentopf geben. Die Lorbeerblätter, die Zwiebel und die Pfefferkörner zufügen. Den Weißwein dazugießen. Das Petersilienbündel hinzufügen. Die Sellerie- oder Fenchelstangen in Stücke schneiden und zu den anderen Zutaten in den Suppentopf geben.

Alle Zutaten erhitzen und die Fischköpfe zugedeckt in dem Sud 1–1 1/2 Stunden köcheln lassen, dabei regelmäßig abschäumen.

Den Fischsud durch ein feines Sieb abseihen. Mit Salz abschmecken. Bis zum Gebrauch im Kühlschrank aufbewahren.

# K'SEKSOO B'KEMROON
## Couscous-Timbalen mit Garnelen

*Die frischen Garnelen, die ich in der nur sieben Kilometer von Azemmour entfernten Hafenstadt El Jadida kaufe, haben mich zu diesen aromatischen Timbalen inspiriert. Am besten schmecken sie lauwarm.*

FÜR 6 PERSONEN

*FÜR DEN COULIS AUS ROTEN PAPRIKASCHOTEN:*
*2 rote Paprikaschoten, geröstet, enthäutet und von den Samen befreit (Seite 33)*
*1/8 l Hühnerbrühe*
*1 Knoblauchzehe, gehackt*
*2 TL frisch gepresster Zitronensaft*

*FÜR DIE TIMBALEN:*
*3 EL natives Olivenöl extra*
*1 TL süßes Paprikapulver*
*1/2 TL gemahlener Kreuzkümmel*
*2 Knoblauchzehen, gehackt*
*250 g mittelgroße Garnelen, geschält und vom Darm befreit*
*1/4–3/8 l Hühnerbrühe*
*300 g Couscous*
*1 rote Paprikaschote, von Samen und Scheidewänden befreit und fein gewürfelt*
*4 EL gehacktes Koriandergrün*
*3 Selleriestangen (aus dem Herzen der Staude), fein gewürfelt*
*2 TL fein gewürfelte Schale von eingelegten Zitronen (Seite 36)*

*3 EL frisch gepresster Zitronensaft*
*Frisch gemahlener schwarzer Pfeffer*
*6 Stengel Koriandergrün zum Garnieren*

**Coulis:** Die Paprikaschoten mit der Hühnerbrühe und dem Knoblauch im Mixer oder in der Küchenmaschine zu einem glatten Püree verarbeiten. Mit Zitronensaft abschmecken, beiseite stellen.

**Timbalen:** 2 EL Olivenöl in einer mittelgroßen Pfanne erhitzen. Das Paprikapulver, den Kreuzkümmel und den Knoblauch darin bei mittlerer Hitze 1–2 Minuten anrösten, bis sie zu duften beginnen. Die Garnelen zufügen und 3–4 Minuten braten, bis sie sich rosa färben. Mit dem Schaumlöffel auf ein Brett heben und in 1–2 cm große Stücke schneiden. Beiseite stellen.

Den Saft aus der Pfanne in einen Messbecher gießen und mit Hühnerbrühe auf 3/8 Liter auffüllen. Mit dem restlichen Olivenöl in einem mittelgroßen Topf zum Kochen bringen. Den Couscous langsam einrühren, vom Herd nehmen. Zugedeckt 5 Minuten quellen lassen. In eine Schüssel umfüllen und mit der Gabel auflockern. Abkühlen lassen. Die Hälfte der Paprikawürfel, das Koriandergrün, den Sellerie, die Zitronenschale, den Zitronensaft, den Pfeffer und die Garnelen unterrühren. Beiseite stellen.

Die Couscous-Mischung in sechs leicht eingeölte Portionsförmchen drücken. Auf Salatteller stürzen, mit Coulis umgeben, mit Paprikawürfeln und Korianderblättchen garnieren.

# K'SEKSOO MITIDJA

## Couscous mit Hähnchenfleisch, Rosinen, Mandeln und Pinienkernen

*Meine Freundin Danielle Carceles-Charrié ist in der Stadt Oujda in Nordostmarokko aufgewachsen. Das folgende Rezept gehört zu den Spezialitäten dieser Region und ist ein Lieblingsgericht ihrer Familie.*

FÜR 6 PERSONEN

2 EL natives Olivenöl extra
1 1/2 kg Hähnchenstücke
4 Zwiebeln, in dünne Scheiben geschnitten
3 Knoblauchzehen, gehackt
4 Tomaten, enthäutet, entkernt und grob gewürfelt
3 rote Paprikaschoten, von Samen und Scheidewänden befreit und längs geviertelt
10 Stengel Koriandergrün, mit Küchengarn
zusammengebunden
20 Stengel glatte Petersilie, mit Küchengarn
zusammengebunden
1 TL gemahlener Ingwer
3/4 TL gemahlene Nelken
1/4 TL frisch geriebene Muskatnuss
1 TL gemahlener Zimt
10 Safranfäden, geröstet und zerdrückt (Seite 32)
1 TL gemahlenes Kurkuma
2 1/2 l Wasser
150 g helle Rosinen (Sultaninen)
50 g Pinienkerne, geröstet (Seite 33)
Salz und frisch gemahlener schwarzer Pfeffer
2 EL Butter

400 g Couscous
100 g ganze blanchierte Mandeln, geröstet (Seite 33)
Harissa (Seite 39) zum Servieren

Das Olivenöl in einem großen Suppentopf erhitzen und die Hähnchenteile 3–4 Minuten bei Mittelhitze anbräunen, dabei gelegentlich wenden. Die Zwiebeln, den Knoblauch, die Tomaten, die Paprikaschoten, das Koriandergrün, die Petersilie, den Ingwer, die Nelken, den Muskat, den Zimt, den Safran, das Kurkuma und 2 Liter Wasser zufügen. 40–45 Minuten köcheln lassen, bis das Fleisch weich ist.

Den Backofen auf 100 °C (Gasherd Stufe 1/2) vorheizen. Das Fleisch und die Paprikaschoten mit dem Schaumlöffel in eine ofenfeste Form heben. Zugedeckt warm stellen. Das Koriandergrün und die Petersilie aus der im Suppentopf verbliebenen Tomatenbrühe entfernen. Die Rosinen und die Hälfte der Pinienkerne in die Brühe geben. Salzen und pfeffern.

Das restliche Wasser mit der Butter in einem mittelgroßen Topf zum Kochen bringen. Langsam den Couscous einrühren, vom Herd nehmen. Zugedeckt 5 Minuten quellen lassen. 4 EL Brühe zufügen, den Couscous mit der Gabel auflockern.

Zum Servieren den Couscous in die Mitte einer großen Platte häufen. Mit den gerösteten Mandeln und den restlichen Pinienkernen garnieren. Mit dem Fleisch und den Paprikaschoten umlegen. Dazu separat die Brühe und Harissa reichen.

# SEFFA
## Süßer Zimt-Couscous mit Trockenfrüchten

*Dieses süße, „Seffa" genannte Couscous-Gericht ist ein Dessert, das besonderen Anlässen vorbehalten bleibt. Man nimmt dazu besonders feinkörnigen Couscous und dämpft ihn mehrere Male, damit er ganz leicht und locker wird. Ich serviere Seffa oft als Beilage zu Braten. Außerdem fülle ich damit gern den Truthahn, den es in unserer Familie immer zum Erntedankfest gibt.*

ERGIBT 750 ML

*4 EL Butter*
*2 Schalotten, fein gehackt*
*¹/4 l Hühnerbrühe*
*6 Safranfäden, zerdrückt*
*200 g Couscous*
*2 EL Zucker*
*1 EL Orangenblütenwasser (Seite 31)*
*1 TL gemahlener Zimt*
*2 EL Rosinen, 10 Minuten in warmem Wasser eingeweicht und abgetropft*

*4 Datteln, entkernt und gehackt*
*6 getrocknete Aprikosenhälften, 20 Minuten in warmem Wasser eingeweicht, abgetropft und gewürfelt*
*2 EL Mandelblättchen, geröstet (Seite 33)*
*Salz und frisch gemahlener schwarzer Pfeffer*

In einem mittelgroßen Topf 2 EL Butter erhitzen und die Schalotten darin 2–3 Minuten anbraten, bis sie glasig sind. Die Brühe, den Safran und die restliche Butter zufügen und zum Kochen bringen. Langsam den Couscous einrühren, vom Herd nehmen. Zugedeckt 5 Minuten quellen lassen.

Den Couscous in eine Schüssel füllen und mit der Gabel auflockern. Den Zucker, das Orangenblütenwasser, den Zimt, die Rosinen, die Datteln, die Aprikosen und die Mandelblättchen untermischen. Mit Salz und Pfeffer abschmecken.

Diesen Couscous als Füllung für Truthahn verwenden oder heiß als Beilage zu Braten servieren.

# MECHROOBAT

# WA

# HALAWIYET

# Getränke und Desserts

Ein Tag ohne *atay b'nahna* oder Minztee ist für einen Marokkaner so gut wie unvorstellbar.

Im Jahre 1721 gelangte grüner Tee erstmals an den marokkanischen Hof, als der englische König George I. an Sultan Moulay Ismaïl mehrere Ballen Tee als Geschenk übersandte. Man mischte Fremdes mit Vertrautem und begann, den grünen Tee mit reichlich Minze zu würzen und stark zu süßen – ein neues Getränk war geboren, das überwältigenden Anklang fand. James Grey Jackson berichtet in seinem Werk *Account of the Empire of Morocco,* innerhalb der ersten sieben Monate des Jahres 1806 wären im Hafen von Mogador (heute Essaouira) 1310 Pfund grüner Tee gelöscht worden. Zum Volksgetränk wurde der grüne Tee allerdings erst 1854, während des Krimkriegs, der britische Kaufleute dazu zwang, neue Absatzmärkte zu erschließen.

Das Zubereiten und Servieren von Minztee ist seither in ganz Marokko Brauch geworden, in den bescheidenen Schäferhütten nicht weniger als in den luxuriösen Villen Casablancas. Die Tradition verlangt vom Gast, drei Gläser des aromatischen Aufgusses zu trinken, bevor er seinen Gastgeber verlässt. Jeder Haushalt zählt ein *siniya* zu seinem Besitz, ein verziertes Tablett auf drei Beinen, auf dem die für die Teezubereitung benötigten Gerätschaften und Zutaten bereit stehen: die *berrad,* eine bauchige Teekanne aus Silber, dazu kunstvoll

bemalte Gläser und dekorative Dosen mit Tee, Zuckerstücken und frischen Minzeblättern.

Für den Tee ist der Gastgeber verantwortlich: Er gießt das süße Getränk mit Grandezza in kleine Gläser – manchmal aus über einem Meter Höhe, um den Tee zu kühlen und sich für sein Geschick bewundern zu lassen.

Jeder, der schon einmal einen marokkanischen Basar besucht hat, weiß, wie wichtig Minztee bei heiklen Geschäftsverhandlungen ist. Minztee wird am Ende der Mahlzeit gereicht oder wenn Süßigkeiten angeboten werden. Man trinkt ihn, wenn man sich eine Pause gönnt oder wenn es etwas zu besprechen gibt – in den Straßencafés, in den Büros und Geschäften und natürlich zu Hause.

# ATAY B'NAHNA
## Minztee

*Marokkos Nationalgetränk wird aus chinesischem grünem Tee zubereitet, zum Beispiel Gunpowder oder jungem Hyson. Weder schwarzer Tee noch japanischer grüner Tee eignen sich dafür.*

*Den Teeblättern fügen die Marokkaner frische Grüne Minze, die überall im Land gedeiht, und großzügige Mengen Zucker zu. Nach altem Brauch bricht der Hausherr den Zucker in Stücke.*

*Manchmal wird der Tee auch mit weiteren Zutaten aromatisiert. Im Safrananbaugebiet um Taliouine zum Beispiel streuen die dort ansässigen Berber eine kräftige Prise Safran in die Kanne, überzeugt, dass ihnen das so entstehende bernsteinfarbene Getränk ein langes Leben sichere. In anderen Gegenden Marokkos würzt man den Tee traditionsgemäß mit frischen Orangenblüten, Zitronenstrauchblättern, Anis, Zimtstangen oder einem Stengel Wermutkraut.*

### ERGIBT 1 LITER

2 TL chinesischer grüner Tee
1 l kochendes Wasser
100 g Zucker
12 Stengel frische Grüne Minze
Frische Orangenblüten
1 Stengel Zitronenmelisse
5 Anissamen oder 1 Stück Zimtstange von 4 cm
(nach Belieben)

Den Tee in einer Kanne mit dem kochenden Wasser übergießen. 2 Minuten ziehen lassen. Den Zucker, die Minze und nach Belieben eine der weiteren Aromazutaten zufügen. Weitere 3–4 Minuten ziehen lassen, dann servieren.

**Tipp:** Köstlich schmeckt auch gekühlter Minztee auf Eiswürfeln.

# HLIB B'LOOZ
## Süße Mandelmilch

*Dieses ungewöhnliche, erfrischende Getränk ist ein wunderbarer Genuss für einen heißen Sommernachmittag. In Marokko wird es zusammen mit einem kleinen Teller Datteln dem Ehrengast als Zeichen des Willkommens gereicht.*

FÜR 4 PERSONEN

*1/2 l Milch*
*100 g Zucker*
*400 g ganze blanchierte Mandeln*
*1/2 l Wasser*
*2 EL Orangenblütenwasser (Seite 31)*
*Frische Minze zum Garnieren*

Die Milch in einem kleinen Topf bei mittlerer Hitze mit dem Zucker unter Rühren langsam erwärmen, bis sich der Zucker aufgelöst hat. Vom Herd nehmen und abkühlen lassen.

Die Hälfte der Milch zusammen mit den Mandeln in den Mixer geben und bei höchster Stufe mixen, bis die Mandeln fein gemahlen sind. Durch ein feines Sieb abseihen.

Die Mandelmasse mit dem Löffelrücken so gut wie möglich ausdrücken, dann wegwerfen. Die restliche Milch, das Wasser und das Orangenblütenwasser unter die Mandelmilch rühren. Auf Eiswürfeln, garniert mit Minzeblättchen, servieren.

# SELLOH
## Mandel-Sesam-Konfekt

*Selloh, einer süßen Mischung aus geröstetem Weizenmehl, gemahlenem Sesam und gemahlenen Mandeln, sagt man kräftigende Eigenschaften nach. Deshalb wird es Müttern nach der Geburt gegeben und ist auch ein beliebtes mitternächtliches Naschwerk im heiligen Fastenmonat Ramadan. Man serviert es meist auf einer Platte aufgehäuft, doch ich rolle es gern zu Kugeln, die ich in Papierförmchen setze.*

ERGIBT 40–45 STÜCK

125 g Mehl
60 g Vollkornmehl
1 TL gemahlener Zimt
60 g Puderzucker
225 g ganze blanchierte Mandeln, geröstet
(Seite 33)
150 g ungeschälte Sesamsamen, geröstet
(Seite 33)
2 EL Anissamen, geröstet (Seite 33)
2 EL Honig

150 g Butter, zerlassen
Puderzucker zum Wälzen
100 g Mandelblättchen, geröstet (Seite 33),
zum Garnieren

Die beiden Mehlsorten vermischen. Portionsweise in einer schweren Eisenpfanne bei Mittelhitze in 10–12 Minuten goldgelb rösten, bis das Mehl einen angenehmen Duft entfaltet, dabei häufig umrühren. In eine große Schüssel geben, den Zimt und den Zucker untermischen. Beiseite stellen.

Die Mandeln, die Sesamsamen und die Anissamen in der Küchenmaschine fein mahlen, zur Mehlmischung geben. Honig und Butter unterrühren. Mit den Händen gut verkneten.

Je 2 TL der Masse zwischen den Handflächen zu einer 2–3 cm großen Kugel rollen. In Puderzucker wälzen und in Papierförmchen setzen. Mit je einem Mandelblättchen garnieren und servieren. Selloh hält sich luftdicht verschlossen im Kühlschrank bis zu 2 Wochen.

# HASSIR ROMMAN B'LIMMUN
## Frischer Granatapfel-Orangensaft

*In vielen marokkanischen Gärten steht mindestens ein Granatapfelstrauch. Die rubinroten Kerne des „romman", wie die Frucht auf Arabisch heißt, werden gewöhnlich aus der Hand gegessen. Manchmal bereiten die Mütter ihren Kindern bei der Heimkehr aus der Schule ein Glas von diesem erfrischenden Granatapfel-Orangensaft zu.*

ERGIBT 1 GLAS

*1 Granatapfel*
*4 EL Wasser*
*$1/8$ l frisch gepresster Orangensaft*
*2 TL Orangenblütenwasser (Seite 31)*
*Zucker nach Wunsch*
*Frische Minzeblättchen zum Garnieren*

Eine große Schüssel mit Wasser füllen. Den Granatapfel längs halbieren. Die Frucht unter Wasser halten, auseinander brechen und die Kerne von der Schale und dem weißen Fruchtfleisch lösen. Die Kerne sinken zum Boden der Schüssel; das oben schwimmende Fruchtfleisch abschöpfen. Die Kerne durch ein Sieb abgießen. Abspülen und alle Fruchtfleisch- und Schalenreste entfernen.

Die Granatapfelkerne mit 4 EL Wasser im Mixer oder Entsafter pürieren. Durch ein feines Sieb seihen, das Püree mit dem Löffelrücken so gut wie möglich ausdrücken. Den Saft mit dem Orangensaft und dem Orangenblütenwasser verrühren, nach Belieben mit Zucker süßen. Auf Eiswürfeln, mit Minzeblättchen garniert, servieren.

# KA'AB AL GHAZAL
## Gazellenhörnchen

*Der andalusische Rechtsgelehrte und Kochbuchverfasser Ibn Razin al-Tudjibi-Al-Andalusi, der im 13. Jahrhundert lebte, bezeichnete diese halbmondförmige Marzipanleckerei als „Gazellenhufe". Siebenhundert Jahre später, um 1900, rät der britische Schriftsteller Budgett Meakin seinen Lesern: „,Gazellenhufe', so benannt nach ihrer Form, sollte jeder einmal probiert haben, eine köstliche Kreation aus Mandelpaste mit einem überaus feinen, nahezu unbeschreiblichen Aroma." Inzwischen wurde das Gebäck zwar in „Gazellenhörnchen" umgetauft, doch das Rezept ist dasselbe wie eh und je.*

ERGIBT ETWA 40 HÖRNCHEN

FÜR DAS MARZIPAN:
450 g blanchierte Mandeln
100 g Puderzucker
3¹/₂ EL Butter, zerlassen
¹/₈ TL Mandelextrakt
2 EL Orangenblütenwasser (Seite 31)

FÜR DEN TEIG:
250 g Mehl
¹/₂ TL Salz
4 EL Butter, zerlassen
¹/₈ l Orangenblütenwasser (Seite 31)
1 EL Wasser
1 Ei
1 EL Wasser
Puderzucker zum Bestäuben

**Marzipan:** Die Mandeln in der Getreidemühle, im Fleischwolf, in der Gewürzmühle oder in der Küchenmaschine drei- bis viermal mahlen, bis sie eine fast pastenartige Beschaffenheit haben. In eine große Schüssel geben. Die restlichen Zutaten zufügen. Mit der Hand so lange durchkneten, bis eine dicke, klebrige Masse entsteht. In Plastikfolie einwickeln, damit das Marzipan nicht austrocknet. Beiseite stellen.

**Teig:** Das Mehl mit dem Salz in eine große Backschüssel sieben, in die Mitte eine Mulde drücken. Die Butter, das Orangenblütenwasser und 1 EL Wasser in die Mulde gießen und nach und nach mit dem Mehl vermischen. Den Teig auf einem leicht bemehlten Brett 10–12 Minuten kneten, bis er glatt und elastisch ist. 15 Minuten ruhen lassen.

Den Backofen auf 190 °C (Gasherd Stufe 3) vorheizen. Den Teig in vier Teile teilen. Auf einer bemehlten Fläche eines der Viertel zu einem 20 × 25 cm großen Rechteck ausrollen. Die Ränder mit dem Messer begradigen und das Rechteck in 10 kleine Rechtecke von 5 × 10 cm schneiden. 1 gehäuften TL Marzipan zwischen den Handflächen zu einer 10 cm langen Spindel rollen.

Die Marzipanspindel auf ein Teigrechteck legen, den Teig darüber schlagen und an den Rändern mit den Zinken einer Gabel zusammendrücken. Die Ränder mit einem Messer oder Teigroller begradigen. Die Spindel vorsichtig zu einem Hörnchen biegen. Den Teig an der Oberseite zwischen Daumen und Zeigefinger wie zu einem Kamm hochdrücken. Mit dem Zahnstocher vier- bis fünfmal in die Hörnchen stechen. Auf dieselbe Weise die anderen Rechtecke füllen und die restlichen drei Viertel des Teigs verarbeiten.

In einem Schälchen das Ei mit 1 EL Wasser verschlagen. Die Gazellenhörnchen damit einpinseln und auf ein beschichtetes oder mit Backpapier ausgelegtes Backblech legen. Auf der mittleren Schiene in 8–10 Minuten goldgelb backen, nicht bräunen. Einige Minuten abkühlen lassen, dann mit Puderzucker bestäuben. Warm oder mit Zimmertemperatur servieren.

**Tipp:** Übrig gebliebenes Marzipan hält sich in Plastikfolie gewickelt im Gefrierschrank 5–6 Monate.

# BRIUAT BIL FAKIYA
## Briuats mit Trockenfrüchten

*Diese leckeren, in Honig getränkten Briuats sind mit einer üppigen Mischung aus Trockenfrüchten und Nüssen gefüllt, die den Namen „fakiya" trägt und Wohlstand symbolisieren soll.*

ERGIBT 15–18 BRIUATS

*8 getrocknete Aprikosenhälften*
*8 getrocknete Apfelringe*
*100 g Rosinen*
*125 g Walnusshälften, geröstet (Seite 33)*
*12 entsteinte Datteln*
*¼ l frisch gepresster Orangensaft*
*½ TL Zimt*
*5 Blätter Filoteig, aufgetaut*
*1 Ei, verquirlt*
*Pflanzenöl zum Frittieren*
*¼ l Honig*

Die Aprikosen, Apfelringe und Rosinen getrennt etwa 20 Minuten in warmem Wasser quellen lassen. Durch ein Sieb abgießen.

Die Walnüsse, Datteln, Aprikosenhälften und Apfelringe im Mixer oder in der Küchenmaschine grob zerkleinern.

Die Trockenfrüchte in eine große Schüssel geben. Die Rosinen, die Hälfte des Orangensaftes und den Zimt zufügen. Gut vermischen, beiseite stellen.

Die Teigblätter mit der Breitseite nach vorne auf der Arbeitsfläche stapeln. Den Teig mit einem scharfen Messer in vier gleiche Streifen von je etwa 12 cm Breite schneiden. Immer nur einen Teigstreifen verarbeiten, den Rest mit einem feuchten Tuch abdecken. 1 EL Füllung 2–3 cm vom unteren Rand entfernt auf den Teig setzen. Eine Teigecke über die Füllung schlagen, sodass der untere Rand nun bündig mit dem Seitenrand abschließt. Das Dreieck den ganzen Streifen entlang immer weiter falten. Den Rand mit dem verquirlten Ei festkleben. Diesen Vorgang wiederholen, bis der gesamte Teig verbraucht ist.

In einen schweren, mittelgroßen Topf 5 cm hoch Öl gießen. Auf 160 °C erhitzen, bis ein eingetauchtes Stück Filoteig sofort zu zischen beginnt. Die Briuats portionsweise in 6–8 Minuten goldbraun frittieren. Mit dem Schaumlöffel herausheben und auf Küchenpapier entfetten.

Den Honig mit dem restlichen Orangensaft in einem kleinen Topf zum Köcheln bringen. Jedes Briuat gleich nach dem Frittieren und Entfetten mit einer Küchenzange kurz in die Mischung tauchen, bis es gut überzogen ist. Auf eine Platte legen. Mit Zimmertemperatur servieren.

**Tipp:** Diese Briuats halten sich luftdicht verschlossen bis zu 1 Woche im Kühlschrank. Vor dem Servieren auf Zimmertemperatur erwärmen lassen.

# GHORIBA
## Sesamkekse

*Naïma Lakhmar, die in Azemmour einen Partyservice betreibt, stellt für besondere Anlässe Hunderte von Ghoriba (sprich: „griba") her. Weil Naïma in solchen Größenordnungen denkt, amüsiert sie sich jedesmal, wenn sie mir zusieht, wie ich meine Zutaten für dieses beliebte, traditionsreiche Gebäck mit peinlicher Sorgfalt auf das Gramm genau abmesse.*

ERGIBT ETWA 50 KEKSE

*100 g ungeschälte Sesamsamen, geröstet (Seite 33)*
*375 g Mehl*
*1 TL Backpulver*
*200 g Puderzucker*
*4 EL weiche Butter*
*200 ml Pflanzenöl*
*Puderzucker zum Bestäuben*

Die Sesamsamen, das Mehl, das Backpulver, den Puderzucker und die Butter in eine große, flache Schüssel geben. Nach und nach das Öl zugießen, dabei kräftig rühren, bis ein Teig entsteht. Auf ein leicht bemehltes Backbrett legen und bis zu 10 Minuten kneten, bis der Teig glatt und elastisch ist. 20–30 Minuten ruhen lassen.

Den Backofen auf 180 °C (Gasherd Stufe 2–3) vorheizen. 1 EL von dem Teig abnehmen und zwischen den Handflächen zu einer 2–3 cm großen Kugel rollen. Auf ein gefettetes oder beschichtetes Backblech setzen und zu einer 3–4 cm großen Scheibe flach drücken. Den ganzen Teig zu solchen Keksen formen.

Die Kekse in 12–15 Minuten hellbraun backen. Auf dem Backblech leicht abkühlen lassen, dann mit einer Palette oder einem Bratenwender auf ein Kuchengitter setzen. Mit dem restlichen Puderzucker bestäuben und servieren.

# HALWA TPOLO
## Schokoladen-Sesam-Tütchen

*Eigentlich sei Tpolo eine beliebte Eiscremesorte, erklärt meine Freundin Naïma, der ich das Rezept für diese ungewöhnliche Leckerei abgeguckt habe. Weil die Zubereitung von Tpolo recht arbeitsintensiv ist, empfiehlt es sich, jemanden um Unterstützung zu bitten und sich zu zweit ans Werk zu machen.*

### ERGIBT ETWA 36 TÜTCHEN

*FÜR DIE TÜTCHEN:*

*150 g ungeschälte Sesamsamen, geröstet (Seite 33)*
*100 g Mehl*
*1/4 TL Backpulver*
*1 Eigelb, leicht verquirlt*
*4 EL Orangenblütenwasser (Seite 31)*
*2 EL Butter, zerlassen*
*1 EL Pflanzenöl, dazu Öl zum Frittieren*
*500 g Honig*

*FÜR DIE FÜLLUNG:*

*50 g Zartbitterschokolade, zerbröckelt*
*2 EL Butter*
*8 EL Kondensmilch*
*1 EL Zucker*
*100 g blanchierte Mandeln, blättrig geschnitten, geröstet und grob gemahlen (Seite 33)*

**Tütchen:** Die Sesamsamen, das Mehl und das Backpulver in einer großen, flachen Schüssel gut vermischen. In die Mitte eine Mulde drücken, das Eigelb, das Orangenblütenwasser, die Butter und 1 EL Pflanzenöl hineingeben. Alles gut vermischen.

Den Teig auf ein leicht bemehltes Brett geben und 8–10 Minuten kräftig durchkneten, bis er glatt und elastisch ist. Sollte er zu trocken werden, 1–2 EL Wasser unterkneten, bis sich der Teig gut in die Länge ziehen lässt. Zu einer Kugel formen und 10 Minuten ruhen lassen.

Den Teig vierteln. Mit einer Plastikfolie abdecken, damit er nicht austrocknet. Ein Teigviertel auf einem leicht bemehlten Brett 3 mm dick ausrollen. Mit einem runden Ausstecher 6–7 cm große Kreise ausstechen. Daraus Tütchen formen: Den Teigkreis um den Zeigefinger wickeln, die Spitze und die Seitenwände zusammendrücken. Die Tütchen vorsichtig auf ein mit Backpapier ausgelegtes Blech setzen; sie dürfen einander nicht berühren.

In einem großen, schweren Topf 5 cm Öl auf 140 °C erhitzen, sodass ein eingetauchtes Teigstück sofort zu zischen beginnt. Die Tütchen portionsweise in 3–4 Minuten goldgelb frittieren (siehe Tipps). Sie gehen erst unter und steigen dann wieder nach oben. Mit der Küchenzange herausheben und zum Abtropfen vorsichtig über Küchenpapier in ein Kuchengitter stecken (oder senkrecht in einen mit Küchenpapier ausgekleideten großen Behälter setzen, evtl. an die Seitenwände lehnen).

Den Honig in einem schweren, mittelgroßen Topf zum Kochen bringen. Die Tütchen mit der Zange in den kochenden Honig tauchen, abtropfen lassen und zurück auf das Kuchengitter oder in den Behälter setzen. Sie dürfen einander nicht berühren.

**Füllung:** Die Schokolade in einem mittelgroßen Topf im Wasserbad schmelzen. Die Butter, die Kondensmilch und den Zucker unterrühren, sodass eine glänzende Masse entsteht (siehe Tipps). Vom Herd nehmen und die gemahlenen Mandeln unterrühren.

Die Tütchen vorsichtig mit der warmen Schokoladencreme füllen. Aufrecht in ein Gitter stecken oder an die Innenwand eines großen Behälters lehnen und 1–1$^1$/$_2$ Stunden kalt stellen, bis die Füllung erstarrt. In luftdichten Behältern im Kühlschrank aufbewahren, die Lagen mit Pergamentpapier voneinander trennen.

Die Tütchen halten sich im Kühlschrank bis zu 2 Monaten. Vor dem Servieren auf Zimmertemperatur erwärmen lassen.

**Tipps:** Damit das Öl beim Frittieren nicht zu stark schäumt, einen Teelöffel aus Edelstahl auf den Topfboden legen. Das ist keine Zauberei, es funktioniert wirklich!

Falls die Schokolade hart und körnig wird, war die Temperatur des Wasserbads zu hoch. Die Schokolade vom Herd nehmen, 1 TL Wasser zufügen und kräftig rühren. Teelöffelweise weiteres Wasser unterrühren, so lange bis eine glänzende Masse entsteht. Die warme Schokolade sofort weiterverarbeiten.

# TMAR B'LOOZ
## Datteln mit Marzipanfüllung

*Datteln gehören in Nordafrika zu den Grundnahrungsmitteln. Im Fastenmonat Ramadan werden sie oft zur ersten Schale Harira gereicht, der Suppe, mit der das Fasten des Tages gebrochen wird.*

*In marokkanischen Familien liegen Datteln nach altem Brauch zusammen mit anderen Trockenfrüchten, frischem Obst und Nüssen auf der Platte, die als Nachspeise angeboten wird.*

*Manchmal werden frische Datteln mit grün gefärbtem Marzipan gefüllt (Grün gilt als Lieblingsfarbe des Propheten Mohammed). Zum Füllen eignen sich am besten die dicken Medjool-Datteln, eine Sorte, die in den Oasen der marokkanischen und algerischen Sahara angebaut wird. Man bekommt sie in den Wintermonaten auch bei uns in gut sortierten Feinkostläden oder in arabischen Geschäften.*

*Marzipan ist in den Backabteilungen der Supermärkte erhältlich, es lässt sich aber ohne großen Zeitaufwand auch selbst herstellen (Seite 136) und schmeckt dann unvergleichlich besser.*

ERGIBT 24 GEFÜLLTE DATTELN

*175 g Marzipan*
*1 EL Orangenblütenwasser (Seite 31)*
*3 Tropfen grüne Speisefarbe (nach Belieben)*
*24 möglichst dicke Datteln, am besten Medjool, aufgeschlitzt (nicht halbiert) und entsteint*
*Abgeriebene Schale von 1 unbehandelten Orange*

Das Marzipan in einer Schüssel mit dem Orangenblütenwasser und, falls gewünscht, mit der Speisefarbe verkneten. Je 1 gehäuften TL dieser Masse zu einer kleinen Spindel formen und in eine Dattel schieben. Die Dattel leicht zusammendrücken, sodass das Marzipan etwas hervorquillt. Sämtliche Datteln auf diese Weise füllen. Auf einer Platte anrichten und mit der Orangenschale bestreuen.

**Tipp:** Gefüllte Datteln halten sich luftdicht verschlossen im Kühlschrank bis zu 3 Monaten. Vor dem Servieren auf Zimmertemperatur erwärmen lassen.

# KTEFFA
## Filogebäck mit Orangenblütencreme und frischen Beeren

*Kteffa ist ein raffiniertes Dessert, das in Marokkos exklusivsten Restaurants auf der Karte steht. Traditionell bereitet man es aus großen, runden Warka-Teigblättern zu, die frittiert, mit gemahlenen Mandeln, Zucker und Zimt bestreut, aufeinander geschichtet und dann mit warmer Creme überzogen werden. Nach diesem Rezept werden kleine einzelne Kteffas gebacken, mit Creme getränkt und mit frischen Beeren garniert.*

### ERGIBT 6 KTEFFAS

350 g ganze blanchierte Mandeln, geröstet (Seite 33)
30 g Puderzucker
2 TL gemahlener Zimt
8 Blätter Filoteig, aufgetaut
110 g Butter, zerlassen
$^1/_2$ l Milch
60 g Zucker
1 Zimtstange
3 EL Maisstärke
$^1/_4$ l Crème double
2 EL Orangenblütenwasser (Seite 31)
200 g frische Himbeeren, Brombeeren oder Erdbeeren zum Garnieren

Den Backofen auf 180 °C (Gasherd Stufe 2–3) vorheizen. Die Mandeln im Mixer oder in der Küchenmaschine grob hacken. In einer Schüssel mit dem Puderzucker und Zimt verrühren. Beiseite stellen.

Die Filoteigblätter auf der Arbeitsfläche übereinander stapeln. Mit einem scharfen Messer und einem etwa 10 cm großen Unterteller als Schablone sechs Kreise aus dem Teigstapel schneiden, sodass insgesamt 48 Teigkreise entstehen. Die Teigreste werden nicht mehr benötigt.

Auf einem mit Backpapier ausgekleideten oder beschichteten Backblech zwei mit etwas zerlassener Butter eingepinselte Teigkreise aufeinander legen. Das obere Blatt mit einem gestrichenen Esslöffel der Mandelmischung bestreuen. Diesen Vorgang zweimal wiederholen. Mit zwei gebutterten Teigkreisen abschließen. Auf dieselbe Weise fünf weitere Kteffas herstellen.

Die Kteffas auf der mittleren Schiene in 20–25 Minuten goldbraun backen. Aus dem Herd nehmen und mit einem metallenen Bratenwender oder einer Palette auf Dessertteller heben.

Die Milch mit dem Zucker und der Zimtstange in einem mittelgroßen Topf langsam zum Kochen bringen. Die Maisstärke in einem Schälchen mit einem Schneebesen unter die Crème double schlagen. Unter die köchelnde Milch rühren, das Orangenblütenwasser zufügen. Die Mischung unter Rühren köcheln lassen, bis die Creme einen Löffelrücken überzieht. Die Zimtstange entfernen.

Über jede Kteffa einen Schöpflöffel warme Creme gießen, die Kteffas mit den frischen Beeren garnieren und sofort servieren.

# MOOTTELEJ DEL BOORTOOKAL LA MAMOUNIA

## Orangen-Zimt-Sorbet „La Mamounia"

*Noch immer erinnere ich mich an das Wochenende, das ich als Kind einmal mit meiner Familie im Hotel „La Mamounia" verbracht habe; bereits damals galt es als eines der luxuriösesten Hotels der Welt. Winston Churchill war in späteren Jahren dort Stammgast und malte stundenlang in den herrlichen Rosengärten des Hotels. Heute kann man im „La Mamounia" dieses wunderbar erfrischende Sorbet genießen, zubereitet von Chefkoch Boujemaa Mars, seit über 25 Jahren Mitglied des Küchenteams. Das Wort „Sorbet" stammt vom arabischen „charab" ab, was „trinken" bedeutet. Das kühle Dessert wurde zwar von den Chinesen erfunden, aber bald von den Persern und Türken übernommen, die es später im ganzen Mittelmeerraum verbreiteten.*

FÜR 6 PERSONEN

*650 ml frisch gepresster Orangensaft, durchgeseiht*
*5 EL frisch gepresster Zitronensaft, durchgeseiht*
*2 Zimtstangen*
*60 g Zucker*
*1 EL Orangenblütenwasser (Seite 31)*

*2 Orangen*
*Gemahlener Zimt zum Bestreuen*
*Abgeriebene Orangenschale zum Garnieren*

Den Orangensaft in einem mittelgroßen Topf mit dem Zitronensaft, den Zimtstangen und dem Zucker unter Rühren 5–6 Minuten erhitzen, bis sich der Zucker auflöst. Vom Herd nehmen und das Orangenblütenwasser unterrühren. 1–2 Stunden stehen lassen.

Die Zimtstangen entfernen. Die Saftmischung in sechs Portionsschälchen gießen. Im Gefrierschrank erstarren lassen.

Von den Orangen die beiden Enden mit einem großen, scharfen Messer bis zum Fruchtfleisch kappen. Die Orangen auf ein Ende setzen und die Schale ringsherum bis zum Fruchtfleisch abschneiden. Die Orangen in 1/2 cm dicke Scheiben schneiden. Die Scheiben halbieren und entkernen. Beiseite stellen.

Zum Servieren die Sorbets auf Dessertteller stürzen und mit den halbierten Orangenscheiben umlegen. Die Orangenscheiben mit Zimt bestreuen und mit Orangenschale garnieren. Sofort servieren.

# K'SEKSOO B'ROMMAN WA L'BEN
## Süßer Granatapfel-Couscous mit Buttermilch

*Dieses Dessert kommt bei mir auf den Tisch, sobald die ersten reifen Granatäpfel im Spätsommer auf Azemmours Souk auftauchen. Die „Tränen des Propheten", wie die Marokkaner die rubinroten Granatapfelkerne nennen, mische ich unter gesüßten Couscous. Traditionell reicht man dazu ein Glas „lben", eine Art Buttermilch. Ich richte den Couscous allerdings lieber gleich mit Buttermilch an.*

### FÜR 6 PERSONEN

*1 reifer Granatapfel*
*¼ l Wasser*
*½ TL Salz*
*200 g Couscous*
*2 EL Zucker*
*Buttermilch zum Servieren*
*Frische Minzeblätter zum Garnieren*

Eine große Schüssel mit Wasser füllen. Den Granatapfel längs halbieren. Die Frucht unter Wasser auseinander brechen, sodass sich die Kerne von der Schale und dem weißen Fruchtfleisch lösen. Die Kerne sinken zum Boden der Schüssel; das oben schwimmende Fruchtfleisch abschöpfen. Die Kerne durch ein Sieb abgießen. Abspülen, alle Schalen- und Fruchtfleischreste entfernen.

Das Wasser mit dem Salz in einem kleinen Topf aufkochen. Langsam den Couscous einrühren, vom Herd nehmen. Zugedeckt 5 Minuten quellen lassen. In eine große Schüssel geben, den Zucker und die Granatapfelkerne zufügen und alles gut vermischen. Die Couscous-Mischung in sechs kleine Portionsförmchen drücken und auf flache Suppenteller stürzen. Rundherum etwas Buttermilch dazu gießen. Mit Minzeblättern garnieren und servieren.

# Menüvorschläge

## EINFACHES MENÜ I

Verschiedene Salate

*Kefta Mahschiya*
(Gefüllte Fleischbällchen mit Trockenfrüchten in süßer
Zwiebelsauce, Seite 93)

*Hobz Belbula*
(Gerstenbrot mit Kreuzkümmel, Seite 81)

Früchte der Jahreszeit

*Atay b'Nahna*
(Minztee, Seite 131)

Frische Fruchtsäfte oder Mineralwasser

## EINFACHES MENÜ II

*Zahluk*
(Auberginen-Tomaten-Kaviar, Seite 58)

*Lubia*
(Lamm-Bohnen-Suppe mit vier Gewürzen, Seite 48)

*Hobz Belbula*
(Gerstenbrot mit Kreuzkümmel, Seite 81)

*K'seksoo b'Romman wa L'ben*
(Süßer Granatapfel-Couscous mit Buttermilch,
Seite 147)

*Atay b'Nahna*
(Minztee, Seite 131)

## FREITAGSMENÜ

Verschiedene Salate

*K'seksoo Beïdawi*
(Couscous aus Casablanca, Seite 118)

*Harissa*
(Nordafrikanische Chilisauce, Seite 39)

Früchte der Jahreszeit

*Briuat bil Fakiya*
(Briuats mit Trockenfrüchten, Seite 138)

*Atay b'Nahna*
(Minztee, Seite 131)

Frische Fruchtsäfte oder Mineralwasser

## FESTMENÜ

Verschiedene Salate

*Meschwi*
(Lammschlegel mit eingelegter Zitrone, Seite 109)

*Hobz Belbula*
(Gerstenbrot mit Kreuzkümmel, Seite 81)

*Moottelej del Boortookal La Mamounia*
(Orangen-Zimt-Sorbet „La Mamounia", Seite 146)

*Ghoriba*
(Sesamkekse, Seite 139)

*Atay b'Nahna*
(Minztee, Seite 131)

Frische Fruchtsäfte oder Mineralwasser

## MAROKKANISCHES PICKNICK

*Sebha del Hdari*
(Ratatouille mit Datteln, Seite 66)

*Meslalla*
(Orangen-Oliven-Salat, Seite 61)

*Schlada b'Felfla wa L'hamd Markad*
(Geröstete Paprika mit eingelegten Zitronen und
Petersilie, Seite 52)

*Al Kotban Mrakschiya*
(Schischkebab „Marrakesch", Seite 111)

*Harissa*
(Nordafrikanische Chilisauce, Seite 39)

*Hobz Belbula*
(Gerstenbrot mit Kreuzkümmel, Seite 81)

Früchte der Jahreszeit

Frische Fruchtsäfte oder Mineralwasser

## FASTENBRECHEN IM RAMADAN

Milchkaffee

*Kraiyschlet*
(Anis-Sesam-Brötchen, Seite 73)

*Harira*
(Ramadan-Suppe mit Dicken Bohnen und Linsen,
Seite 47)

Datteln

Hart gekochte Eier

*Hobz Belbula*
(Gerstenbrot mit Kreuzkümmel, Seite 81)

*Selloh*
(Mandel-Sesam-Konfekt, Seite 133)

Früchte der Jahreszeit

Frische Fruchtsäfte, Milch oder Buttermilch

## SEPHARDISCHES ABENDESSEN

*Schorba del Fool Treh*
(Passah-Bohnensuppe mit frischem Koriandergrün,
Seite 49)

*Dafina*
(Sephardischer Sabbat-Schmortopf, Seite 108)

*L'Hass b'Limmun wa Tmar*
(Romanaherzen mit Orangen und Datteln, Seite 57)

*Tmar b'Looz*
(Datteln mit Marzipanfüllung, Seite 143)

*Kteffa*
(Filogebäck mit Orangenblütencreme und frischen
Beeren, Seite 144)

Kaffee, Wein oder Mineralwasser

## MAROKKANISCHER TEE

Frische Fruchtsäfte, Milch, Buttermilch, Milchkaffee

*Atay b'Nahna*
(Minztee, Seite 131)

*Kraiyschlet*
(Anis-Sesam-Brötchen, Seite 73)

*Ka'ab al Ghazal*
(Gazellenhörnchen, Seite 136)

*Ghoriba*
(Sesamkekse, Seite 139) oder

*Halwa Tpolo*
(Schokoladen-Sesam-Tütchen, Seite 141)

Datteln, getrocknete Feigen, Mandeln und Walnüsse

# Bezugsquellen (Versand)

GEWÜRZHAUS ALFRED EWERT
INTERNATIONALE SPEZIALITÄTEN
Weender Str. 84
37073 Göttingen
Tel. 05 51-570 20
Fax 05 51-560 91

GEWÜRZHAUS ALSBACH
An der Staufenmauer 11
60311 Frankfurt am Main
Tel. 069-28 33 12
Fax 069-29 61 41

KRÄUTERZAUBER DANIEL RÜHLEMANN
Am Himpberg 32
24364 Stuckenborstel
Tel./Fax 042 64-22 84

KÜCHENGARTEN
REINHOLD KRÄMER
Waldstetter Gasse 4
73525 Schwäbisch Gmünd
Tel. 071 71-928 71
Fax 071 71-928 74

MAI LING
EXOTISCHE LEBENSMITTEL
Westenrieder Str. 6
80331 München
Tel./Fax 089-29 40 11

OTZBERG-KRÄUTER
Erich-Ollenhauer-Str. 87a
65187 Wiesbaden
Tel. 06 11-812 05 45
Fax 06 11-846 05 58

Die aufgeführten Adressen stellen selbstverständlich nur eine Auswahl dar. So sind Gewürze und Kräuter für die nordafrikanische Küche in den meisten Geschäften, die Mittelmeerspezialitäten oder exotische Lebensmittel führen, erhältlich. Zudem verfügen beispielsweise auch die großen Filialen von Warenhausketten wie Kaufhof, Karstadt und Hertie über entsprechend sortierte Feinkostabteilungen.

In Marokko hergestellte Tagine-Kochtöpfe aus Lehm in verschiedenen Größen kann man bestellen bei:

ALI BABA TAJINE
INH. JOCHEN WALTER
Am Weidenbach 30
88299 Ausnang/Allgäu
Tel. 075 61-703 88
Fax 075 61-727 04

# Dank der Autorin

An dieser Stelle möchte ich Aziz und Nadia Belkasmi aus Casablanca meinen Dank aussprechen, langjährigen Freunden meiner Familie, sowie Naïma Bounaïm, die früher in Dar Zitoun wohnte und deren persönliche Erinnerungen dieses Buch so stark geprägt haben. Weiter danke ich dem bekannten, in Marrakesch lebenden Künstler Salah Eddine Chaoui und seiner Frau Zineb; Mehdi Illane und Brahim Mahdi, dem Besitzer und Chefkoch des Restaurants „l'Hippocampe" in Oualidia; der Wirtschaftswissenschaftlerin Dr. Naïma Lakhal, einer unschlagbaren Couscous-Expertin, Naïma Lakhmar, die in Azemmour einen Partyservice betreibt und in deren Gesellschaft ich in Dar Zitouns Küche viele genussvolle Stunden verbracht habe, dem Architekten Abdel Ila Lemseffer und seiner Frau Ahlam, einer bekannten Malerin; Jacques und Danielle Mamane aus Fez; Boujemaa Mars, Chefkoch des Hotels „La Mamounia" in Marrakesch; dem Historiker Guy Martinet; Bouchaïb Marzouk, der uns in Dar Zitoun über drei Jahrzehnte lang den Haushalt führte (selbst ein ausgezeichneter Koch) und seiner Frau Aïcha; dem bedeutenden Keramiker Abderrahmane Rahoule und seiner Frau Roseline; unseren Nachbarn in Azemmour, Mohamed Rahmoun und seiner Schwester Rachida; der Archäologin und Autorin Susan Searight und dem Linguisten und Anthropologen Dr. Abderrahim Youssi von der Mohammed-V.-Universität in Rabat.

Außerdem möchte ich meinen Freundinnen und Kolleginnen in den USA danken: Carole Bloom, Tershia d'Elgin, Edith Fine, Wendy Haskett und Judith Josephson für ihre Unterstützung und ihren Zuspruch; der Food-Autorin Stella Fong für ihre Hilfe bei den Fototerminen; Professor Fakhereddine Berrada, Mohamed El Mandjra und Aziza Rharrit für ihren sprachlichen Beistand; dem Kulturhistoriker Charles Perry, der zum Mitarbeiterstab der Los Angeles Times gehört; Dick und Margo Baughman sowie Andrea Peterson, die für mich unermüdlich frische Feigen und Granatäpfel aufstöberten.

Ich danke meiner Mutter, Nicole Darmon Chandler, meiner Tante, Martine Darmon Meyer, und meiner Cousine, Flor Scemama, wie auch unseren Freunden Jim und Froukje Frost, deren Kenntnis der marokkanischen Küche für mich eine wertvolle Hilfe bei der Auswahl der Rezepte war.

Zu großem Dank verpflichtet bin ich meiner Kollegin Deborah Madison, die die von mir zubereiteten Gerichte so verführerisch angerichtet hat; der außerordentlich begabten Laurie Smith, deren atmosphärische Fotos dieses Buch illustrieren, sowie dem Kreativteam meines Verlags Chronicle Books, meinen Redakteuren Bill LeBlond und Sarah Putman, der Chefdesignerin Laura Lovett und Ann Gilderbloom von der Werbung.

Dank meiner Agentin Julie Castiglia ist die Idee zu diesem Buch Wirklichkeit geworden. Doch den größten Dank schulde ich meinem Mann Owen, dessen Begeisterung für meine Rezepte unermüdlich ist.

*Chokran! Barraka Lla Ofik! Danke!*

# Dank der Fotografin

Alle, die mir dabei geholfen haben, Kittys fürs Auge so reizvolle Gerichte auf Film zu bannen, haben einen außergewöhnlichen Teamgeist bewiesen. Das authentische Flair der Fotos ließ sich nur dank Kittys und Owens freundlicher Einladung verwirklichen, ich solle doch in ihrem Haus fotografieren, wo sie mir ihre kostbare marokkanische Sammlung als Requisiten zur Verfügung stellten und mir wertvolle Ratschläge gaben, bis jedes Detail genau stimmte. Ich danke Kitty besonders für ihr großzügiges, äußerst freundliches Angebot, ihre eigenen Speisen höchstpersönlich zuzubereiten; Owen dafür, dass er begeistert als „Mädchen für alles" einsprang; Deborah Madison für ihren Einfallsreichtum und die harmonische Zusammenarbeit, wo immer sie mir als Assistentin, Stylistin und Freundin zur Seite stand; Stella Long für zahllose helfende Handgriffe; Laura Lovett und meinem Verlag für ihren Glauben an meinen fotografischen Stil – und wie immer drücke ich Bobby, Jamie und Elizabeth an mein Herz, weil sie mir drei wunderbare Dinge ermöglichen: Ehefrau, Mutter und Fotografin zugleich zu sein.

# Register